U0359719

12 INTERVIEWS: *Curators*

十二次访问：策展人

李镇 编著

机械工业出版社
CHINA MACHINE PRESS

序言：我们的策展水平很高

作为一个绘画工作者，我从小熟悉展览的生成与展览后续潮动的效果。纵观国内外数不清的展览，我敢以正常的胆量说：在赞叹一系列外国的展览之后，发现我国土地上的展览有着世界一流的策展水平，尤其是最近的八年、五年、三年。这个趋势正在发展着，因为李镇先生做的这些访谈，更加证实了这个趋势。

世上本来是没有策展人的。至今在英文词典里策展人是馆长，馆长就是策展人。今年九月我参观湖南第一师范学院，看到陈列馆馆长办公室屋外牌子上的英文赫然就是很打眼的“策展人办公室”。这也就是说策展人在各个机构里是没有专属办公室的。不错，策展人原本是一个本职工作，由于几十年来博物馆及艺术机构逐渐部分地承载了以前宗教活动场所或者学习机构的教化作用，这个举办展览的执行者、操办者的角色沿用了馆长这个职务名称，但却超越了馆长的职能范畴。我们以前管这个角色叫组织者，外文也是长期使用组织者一词。鉴于人类素有尊崇权力与话语权的习惯，一个半官半仙的“组织者”一词居然不知在哪一年被“策展人”一词头也不回地替代了，好比叫老公不如称夫君，喊太太比叫老婆有文化。因为纽约州北部冰天雪地的巴德学院开创了第一个策展研究硕士课程，故而二十年来硕士级别的人里有了科班出身的搞展览的人。我国反正是也要追赶着学的，策展研究硕士班估计会全国开花；

其实我一直纳闷为什么我们要重复纽约三十年前做过的事情呢？这是另外一个要讨论的话题。

中国策展人的文化修养在世界范围内水平很高。我的这个说法是个显而易见的事实而已。因为我们中国人文化感之深厚似乎是与生俱来的，尽管没有哪一个人的文化涵养真的是与生俱来的。然而由于我国的社会文化生活相当重视传承，另外又相当重视艺术作品的文脉内容与美学外延，所以我国众多展览的宗旨、选择、解读与陈列都天然地有一种延续下来的我称之为的策展感。你从杭州的篆刻展到天安门附近的中国国家博物馆的周秦汉唐文物展，从荆门市的古代器物展再到云南省博物馆的多种民族融合展，还有曾侯乙墓、马王堆汉墓、海昏侯墓、秦始皇陵的相关展览，当然我今年还有幸去了刚刚对外开放的良渚博物院，也处处体现了我国实乃策展感极强的展览大国。比之我三十年来在马赛看过的德拉克洛瓦与东方主义，在洛杉矶看过的电影超人库伯瑞克服化道，在纽约大都会博物馆看过的弗洛伊德全面回顾，在布达佩斯看过的巴托克旧居陈列等等，近年来我国展览的观后兴奋度以及观后长期回味度一点儿不差，很多次反而更高。这即是综合国力之内整体策展水准的实力体现。何谓文化大国？展览的水平是文化大国的绝对指数之一。奥地利不大，有一年我看了他们办的一个卡拉扬生活展，那真是让人心服眼服。当然，他们还有克里姆特。

现代策展人制度方兴未艾、前程锦绣。这一切现象缘于世人对艺术展览的极具热度的需求。艺术时髦总比战争时髦好得多，对展览有观看上瘾的趋势总强过其他的不良嗜好。因此，举凡世界文明大都市，都重视再重视各种展览的呈现，这给策展人的生活带来了颇为光明的愿景。艺术家策展在这个大形势下是一个小暗流。我在 20 世纪 90 年代见证了纽约流行了一阵的艺术家被邀请策展，以告诉世人艺术家自己是如何自我解读或自嗨的。我本人也在 1993 年 5 月被纽约苏荷区的一家画廊邀请策划，其实就是组织了一个中国当代艺术家（就是还都能喘气儿的一些人）的一个展览，取名为“红星照耀中国”，而画廊还请一位纽约老牌写手写了一篇前言文字印在画册里。策展人居然也可以不写文字，这大概只有艺术家策展的时候可以这么无礼；当然艺术家们搞一个展览的背后私心往往就是不向别人做任何解读的。这个秘密大概只有创作从业者可以了解。因此呢，一个展览给什么人看，给人看什么，给人看的东西的背后是什么，这些才是策展人的工作内核。不一定都靠你的文字解读，也不都靠你与创作者的对话，甚至不一定都靠你所挑选的作品；但有一点不能不靠，那就是这个或这些个艺术创作者。人，是你最该挑剔的。

从拉斯金到休斯，从哈尔·福斯特到唐克扬，我们有很多书在。今天我们年青有活力的策展人智慧过人、敏捷度过人，而你们的舞台是锦绣中华又是浩瀚的世界，任何展览都会由于你们的构想与打造具有军事武器一般的有力和精准，从而对一个更美好的人类世界产生极具穿透力的灵魂层面的作用。从“没有不散的筵席”这句话生出另一句话最为便利不过了，那就是“没有不撤的展览”。然而，正如令人回味半生的某场筵席一样，我们都在努力让一个展览重撞人生、启发生命。你我她他，哪一位不是因为小时候看过的几个展览而活成今天这个模样的？予人玫瑰，一身余香；做好展览，善莫大焉。

李镇先生这一工作的意义怎么被高度评价都是客观的。他有远大的战略视点，而又踏实得下来亲身往返与各位优秀策展人见面并整理对话。那位意大利老资格的策展人多年前就做了一本这样的书，而纽约、伦敦的艺术圈子对于策展人与策展史的尊重与梳理也常常令我惊诧与不安。好在我前边说过，我们近年来在这项事业上大有赶超在前的势头。究其原因，我们中国人在展览方面的本事都得益于我们伟大先辈留下来的文学艺术以及文论和美学的太厚太厚的底子。我唯一希望的是，今后我们新一代策展人要有更强、更狠、更生动的文化主体意识，而不仅仅是在战术推动的层面上借鉴和比对其他民族与地区的文化；我们应该更有意识地去肯定我们特有的艺术形式，好比书法与印章艺术甚至于牙雕艺术也不为过，风筝艺术或许更加会成就当代艺术牛人，立足于我们生活的大地，关注我们自己内心的感受，有感而做展，因情而抒发，如此就不仅仅是口头上诵谈文化自信了，因为做已做到，世人都看得见。

网络直播，空中自由拍摄，手机里各种手法手段都将是并正在成为新时代的策展思路和呈现方式。我期待着李镇同志在以后对于新时期策展人的历史记录与工作整理的“监视”策展人的工作中行动得更广、更深入。而策展人对于艺术创作者的“监视”也将进入一个新世纪文明的海洋。

倪　军

2019 年 12 月 1 日，天津

目 录

于 瀛

让展览成为个体与个体相遇的媒介

天气状况	晴 / 晴
气　　温	2℃ /-7℃
风力风向	北风 3~4 级 / 北风 3~4 级
采访时间	2019 年 1 月 4 日星期五，14:00—17:00
采访地点	应空间，北京市朝阳区崔各庄乡草场地红 1 号 A3

2019年刚刚开始，我们在一个周五的冬季午后，前往草场地艺术区采访了于瀛。于瀛现在是应空间的艺术总监，在这里他有两个长期常设项目，一个是始于2016年的“佛跳墙”，另一个是始于2017年的“去碑营”。他为我们详细导览了正在这里展出的展览“去碑营V：画的诞生”，之后在二层一个小小的会议室开始了我们的采访。

“佛跳墙”（VPN / VERY PRODUCTIVE NATION）的线索

“佛跳墙”关注的是互联网艺术和参与式艺术。关于“佛跳墙”项目的初衷，于瀛告诉我是基于两方面的考虑：一方面是他加入之前应空间原本就有的研究方向，包括毕昕策划的群展“生活博览会：一群‘局外人’走向公众的试验”[1]，韩馨逸和富源策划的群展“气旋栖息者”（PERCHED IN THE EYE OF TORNADO）[2]，加西亚·弗兰科夫斯基（Garcia Frankowski）策划的群展“超恋物”（SUPER FETISH）[3]，还有阿斯巴甜（Aspartime）的个展“壳”（ké）[4]和“布朗库西·甜的模型店”（BRANCUSI·T’S MODEL SHOP）[5]；另一方面是他认为自己的艺术实践和画廊原有的关注方向是一致的，比如他之前的个展“一场错过的斗争”和“黑桥选择之歌”等。他2017年底加入应空间之后，索性就将这种研究和关注的方向在画廊展览计划中作为一个长期常设项目明确、固定下来。

---

1 “生活博览会：一群‘局外人’走向公众的试验”，策展人：毕昕，艺术家：李振南、叶甫纳、李心路、威廉、刘耀华，2014 年 11 月 21 日—2014 年 11 月 29 日，应空间，北京

2 “气旋栖息者”，策展人：韩馨逸、富源，艺术家：布雷特·斯文森（Brett Swenson）、李然、李亭葳、林科、麻剑锋、娜布其、陶辉，2015 年 3 月 8 日—2015 年 4 月 12 日，应空间，北京

3 “超恋物”，策展人：加西亚·弗兰科夫斯基，艺术家：马大哈、塞格里耶·洛朗（Segretier Laurent）、艾达·索科尔与贝塔·维尔泽克（Ada Sokol & Beata Wilczek）、卡米尔·艾姆（Camille Ayme）、加西亚·弗兰科夫斯基、陈秀炜、奥利弗·海杜契克（Oliver Haidutschek）、集体（The Collective），2016 年 1 月 9 日—2016 年 1 月 30 日，应空间，北京

4 “壳”，策展人：毕昕，艺术家：阿斯巴甜，展期：2015 年 7 月 4 日—2015 年 8 月 16 日，应空间，北京

5 “布朗库西·甜的模型店”，艺术家：阿斯巴甜，2017 年 7 月 1 日—2017 年 8 月 27 日，应空间，北京

第一次使用“佛跳墙”这个名字做展览是在 2016 年底，当时于瀛关注了一批不在中国本土生活、工作，但在中文语境中进行创作和从事其他实践工作的中国人。这些人中有些是非常成熟的艺术家。比如倪军，他有一段早年在纽约办双语艺术报纸的经历。有些甚至不是艺术家。比如先在普林斯顿大学从事建筑研究工作，后入职谷歌（Google）的王飞，他对中国的淘宝村很感兴趣，经过实地调研做了一系列的城市规划，但当他想把这些想法落地时却发现没有合适的机会，于是干脆把这个项目做成了一个永远无限深入、又永远无法落地的设计实验《我的甲方千千万：淘宝又一村》；又比如“媒体骇客”朱沈昊辰，他在纽约有一个公关公司“做做”，为各种创业公司提供广告和融资中介等服务，但他的工作方式相当另类，比如通过特殊的方式运作其成员之一刘沁敏接受了中央电视台国际频道的采访，他把这种非常“行为”的工作方式总结为“三步上头条”理论。于瀛认为王飞和朱沈昊辰的工作都可以被看作是一种艺术创作，尽管他们在工作中并不身处其中并参考回应着艺术系统的界面。还有今天主要以艺术家身份工作的李维伊，时隔三年回溯“佛跳墙”展览，那时她主要以设计师身份进行实践。比如她设计字体，就让文字看起来像密码一样几乎不可识别；又比如她设计名片，就让名片看起来像是一次性和廉价易抛的，她的设计一方面以观念艺术的典型形态呈现（令人联想起达达主义早年那些图像诗传统），另一方面又可以被视为对“被甲方剥削的设计师”（设计产业工人）工作的一种反叛。更为意味深长的是，她把自己的“产品”最终整合到自己虚构的几个机构中，像“再版社”“大坏画廊”和“现供应”，呈现出明确的自雇色彩。于瀛在“佛跳墙”第一次展览中的切入点是互联网文化中“大众创业、万众创新”的创业潮，同时希望选择的九位面对中国观众、提出中国问题的实践个体都有一点儿身处异国但在中文互联网下工作的经验和思考的经验，成为中国当下创业潮的一面镜子。

“佛跳墙”第一次展览之后，于瀛得到了北京好在科技有限公司一个 180cm × 60cm 的工位。他在这个有限的“公共空间”上，做了一个名为“工位：劳动万岁”的项目，包括一个定期更换展品的群展和一个个人行为表演，其中的群展部分就是“佛跳墙”项目的第二次展览。

“去碑营”（STÈLES）的来源

“去碑营”项目关注、研究和思考的是当代绘画实践。这个项目的启动比“佛跳墙”晚了将近一年。于瀛正式加入应空间之后，在团队调研的过程中发现：整个当代艺术的展览系统，无论画廊、美术馆还是展览评论，高频、集中关注的实践大都聚焦于新媒介、互联网文化和参与式艺术上，绘画在当代艺术的展示系统中已经非常边缘，几乎到了失语的地步；不过从另一个角度看，在艺术市场和拍卖新闻中，绘画又是最受瞩目的。他认为绘画这样一种同时被忽视和被关注的尴尬处境其实是有问题的，它体现了一个行业的两种割裂，这是一个来源。另一个来源是邸小伟创办的微信公众号“绘画艺术坏蛋店”，他每天都在公众号上发艺术家的绘画创作，源源不断、无穷无尽。于瀛很好奇，一方面，他特别想去这个微信公众号中他感兴趣的画家工作室看看原作；另一方面，他感觉这个微信公众号已经慢慢形成一股力量，一种类似画家自治工会的政治共同体。这种仅仅依靠编辑趣味和一键发布，就使得卷入其中的画家带有“临时的政治结盟”意味的现象，在某种程度上启发了“去碑营”项目。

这个项目最初的名字是带有戏谑意味的“画家专题研究”或者更朴实一点儿的“库房”。因为当时应空间在黑桥的库房正在遭遇被拆迁，需要一个新库房，大车运输司机任玉国师傅就建议去北京郊区的去碑营村找找。在去找新库房的路上，于瀛一直在和画廊助理陈君君讨论新项目的名字，两人都没有思路，就在几乎要敲定“库房”这个名字时，任师傅说：“其实叫‘去碑营’就挺好。”于瀛瞬间感觉这个名字很棒，于是就定下来了。于瀛认为，“去”有来去皆可的意思，一语双关，“碑”有一种精神归属的符号性，“营”有一种工会或阵地的感觉。于瀛笑称，自己后来在百度贴吧看到去碑营村村民对于展览的反应——他们在抱怨关于展览的宣传太多，因此搜不到村子的信息——他们困惑“去碑营”展览和去碑营村到底有什么关系。于瀛告诉我，后来研究“碑学运动”、策划中央美术学院美术馆“项目空间 · 青年策展实验室”项目“新碑学 3：公羊传统与现代写实”（NEW STELE SCHOOL 3: CONFUCIANISM & REALISM）[1] 展览的王基宇曾向他提出对“去碑营”这个名字的疑问。王基宇误认为这个名字有反“新碑学”的意思，并对“碑”字的使用有着不同的见解。尽管这是一场误会，但是出于友谊的考虑，于瀛不再强调这个项目的总称，而是主要使用每一回展览的独立名称。“去碑营”项目到目前为止一共做了五次，分别是“北平之春”（LE PRINTEMPS DE PEKIN）、“自我作古”（VIVRE SANS TEMPS MORT）、“金陵冬季学院 II：地域画家”（NANKING WINTER COLLEGE II: THEY HAD THE POWER OF TALKING IN TONGUES, AND ACTING LIKE PROPHETS）、“密度符阵”（DENSITY TALISMAN ARRY）和“画的诞生”（VIVE LE TRAVAIL）。

1 “新碑学 3：公羊传统与现代写实”，策展人：王基宇，艺术家：于瀛、陈督兮、宋拓、耿雪、李毅士、艾中信、萧淑芳，2017 年 11 月 18 日—2017 年 12 月 14 日，中央美术学院美术馆，北京

个展：“一场错过的斗争”（YU YING: A STRUGGLE MISSED）

“佛跳墙”和“去碑营”之前，于瀛在应空间做了一个重要个展“于瀛：一场错过的斗争”[1]。这个项目始于2013年，是其2012年影像作品《未完成的村庄》的延续，关于斗争和表演的研究仍然是其主题。在这个个展的完成过程中，于瀛虽然不是策展人，但是使用了很多组织性、策划性、动员性的工作方式。于瀛发现，从2013年到2015年的三年间，埃及、美国、法国等地发生了很多政治斗争，人民群众通过在脸书（Facebook）、推特（Twitter）等社交网络发布标签、加入话题进行连接和社会动员。在这一过程中，传统社会动员的形态开始发生变化，似乎所有的标签和话题都在为超级互联网公司添砖加瓦、生产内容。不过从另一方面看，这种社会动员还是制造出来了一种反资本主义的情境。在“阿拉伯之春”“占领华尔街”“我是查理”等政治斗争中，对立双方都在使用图像和语言的大叙事修辞或者说1968年“五月风暴”时期的修辞。当代中国的社交网络中没有类似的政治斗争和社会动员，但是有类似的表象：每到中秋节，网友就会分成“甜党”和“咸党”闹着玩儿，使用的也是左翼美学那一套修辞，比如通过制作海报攻击对方是反动派、试图打倒对方，等等。于瀛开始加入其中推波助澜、左右互搏，他为甜党、咸党双方制作的大量海报成为整个项目的起点。2014年，于瀛受邀参加上海当代艺术博物馆首届“青年策展人计划”中蒲鸿、王飞策划的展览“小跃进”[2]。那一年的审查非常严格，于瀛的这些海报不能展出。于是，他在开展前一个月把海报变成可供世界各地网友免费下载使

---

1 “一场错过的斗争”，策展人：毕昕，艺术家：于瀛，2015 年 10 月 17 日—2015 年 12 月 5 日，应空间，北京

2 “小跃进”，策展人：蒲鸿、王飞，2014 年 10 月 28 日—2015 年 3 月 8 日，上海当代艺术博物馆，上海

用的共享文件，条件是网友需要打印并张贴在各自社区的街头，然后把照片回传给他，这样一个月之后，由数千张照片组成的一件照片墙作品得以顺利展出。从某种程度上说，这一作品和个展产生发展的过程激活了于瀛在大学毕业创作时虚构一个展览的热情。他开始了从艺术家到策展人的身份转换，或者说二者逐渐统一起来。于瀛希望通过“作为作品的策展实践”，尤其是“去碑营”项目，让更多的艺术家卷进来、在一起，形成一个社群。因为就艺术区和画廊、美术馆体制而言，一个展览无论花了多少钱、多少精力，整个展览从开幕到闭幕，观众可能只有几千人。那么一个展览与其期待对大众文化产生影响，不如期待成为一个同行之间或者卷入个体之间进行交往的开端。

艺术家作为策展人

于瀛大学毕业前画过一组名为“三部曲系列”的大画，画的是他和朋友的日常生活以及对这种日常生活的想象，令人印象深刻。他告诉我他当时特别想拍电影，所以三幅画采用的都是 16:9 的电影画幅比例，内容是他构想的一部电影的画面。毕业后他买了影像工具并学习影像技术，也就真的开始拍摄、制作影像作品了。此后，他陆续做了《白色》《未完成的村庄》《泪水》等影像作品，目前他还有一部名为《俄罗斯大酒店》的作品正在拍摄。2017 年，于瀛做了一个关于黑桥的项目“黑桥梗”，其中包括他编写的关于黑桥艺术家经历的段子、手机交互作品《我们还是不是朋友：黑桥选择之歌》和一个边走边聊的活动《黑桥徒步》。当时黑桥艺术区已经确定要拆迁但还没动工，于瀛在这个动荡的时期，找到很多住在当地的人，沿着各种不同的路线在黑桥边走边聊。《黑桥徒步》后来被于瀛做成一部纪录片，影像的最后是于瀛约到当时的黑桥村党支部书记。与常见的村官形象不同，书记英文好，之前是北京市商委的投资机构高管，下来锻炼之后很可能被提拔。从他习惯的投资人视角出发，他一直在给于瀛讲艺术投资、文化战略、艺术家孵化、花多少钱可以把艺术产业做起来，但是又很轻视当下中国的艺术产业，他说这个村里最不欢迎的就是艺术产业，因为太低端，做别的都比做这个纳税多。有趣的是，和这位黑桥书记的“黑桥徒步”地点并非黑桥，而是临近的草场地。于瀛说当时和书记一起走的还有另外两人，在荷兰学习人类学的邓丽雯和她的同学默里·麦肯齐（Murray Mckenzie），书记认为不方便与外国人一起在黑桥边走边聊，于是将地点改在了草场地。在黑桥徒步的整个过程中，有人讲鬼故事、有人讲创作，还有人讲成功学，最后落点是书记唱衰艺术产业，挺有意思。

在谈到如何看待策展人这个身份时，于瀛认为自己对策展这个工作的兴趣其实是可有可无的，不过很多具体的策展案例常常让他激动。他和其他策展人不太一样的地方，是与一以贯之、不断生长的策展理念相比，更让他兴奋的是策展这个“动作”本身带来的快感，比如展览空间的搭建。在开始做“去碑营”这个项目时，于瀛的出发点就很明确，即他没有策展人这样一个身份认同，他更强调自己作为一个艺术创作个体实践者的身份，在展览中和其他创作者是一个平等、平行的关系。对他而言，创作一个展览的目的是让展览成为个体与个体相遇的媒介。

在迄今为止“去碑营”的五次展览中，于瀛为每次展览都制作了一个类似宣传片的影像作品，放在展厅入口的位置，作为展览前言的替代物。关于这种方式，于瀛解释说：“每个影像中的素材都是与展览中艺术家的作品有关的，有些影像片段是向观众提供一些展览的背景或暗示空间搭建的来源。”比如他引用了一些形状，无法直接告诉观众，但是在影像中一呈现，观众可能就知道了。又比如展厅中有一些因搭建材料撞击而产生的声响，观众可能认为那是活动雕塑发出的声响，但是他希望这种声响是工人搭建时声响的延续，因此观众可以在影像中直接看到、听到工人劳动的画面和声音并产生联想。还有就是影像可以提供一些无法在展厅中直接呈现的文本，比如展厅中可以展出李天元和赵半狄在 1991 年为双人联展撰写的宣言《第四画廊》，但是“无名画会”和“星星画会”的展览就无法在展厅中展出，通过影像，两个文本就可以对应起来。这种类似宣传片的影像有点儿像快速编辑的一本书，与展厅中的作品形成一种互文关系。

画家社群

在于瀛看来，当观众进入一个展厅时，是不可能一次获得全部信息的。他在进行空间设计的时候，往往会有意识地增加细节和伏笔的密度。这些细节和伏笔有的可能会被发现，比如在“画的诞生”中，上面是许力炜的画，下面是他写给父母的信；有的就不一定如此清晰明显，而是一种隐喻、类比的关系。但有一个原则，就是按照一种视觉逻辑去组织作品之间的对应关系。这样，无论观众是否可以发现这些细节和伏笔，身处展厅之中都会感觉舒服。于瀛说，他喜欢展厅更天然一点儿的质感，因此一直使用上一个展览剩余的材料搭建下一个展览的空间，活动展墙、带轮子的盒子、脚手架等物品都可以作为积木被反复搭建。这些旧物有一种被充分经验、咀嚼的感觉，带有之前展览的痕迹。比如，在自己很满意的“密度符阵”那一次展览设计中，他把原本搭建空间结构的钢管拆掉三分之二，剩余的用钢绳悬吊在原本的位置，钢管之间失去了互相支撑的作用力，但依旧藕断丝连地描绘、标记着原本的位置关系。他期待用这样一种空间营造动作来调动观众身体和心理的感知。这一点同时也令于瀛有些困扰，他明确地知道看那一次展览必须要看过前两次展览

（“北平之春”和“自我作古”）才行。他希望观众带着之前展览空间留在心里的痕迹来看第三次展览，反之，如果观众没有看到之前的两次展览，那么观众就只能得到一部分的信息。

在整个展览的形成过程中，于瀛比较看重自己与两部分人的关系，一部分是观众，另一部分是参展艺术家。相比而言，他更在意后者的想法。于瀛笑称，有时他搭建和摆放作品的方式可能会面临与参展艺术家绝交的风险。尽管如此，他还是愿意使用不同于参展艺术家惯用的方式来展示作品，让作品具备一种新的“打开方式”。与“去碑营”项目的前四次展览相比，在第五次展览的组织工作中，于瀛与参展艺术家商量得更多，不像第一次，直到开幕当天艺术家才能够看到展览中自己的作品。他将每次展览和参展艺术家的关系作为一个变量处理，需要因地制宜，服务展览项目的需求。至于处理与观众的关系就需要分成几种层次进行判断，比如专业的、非专业的以及完全没有艺术经验的。于瀛其实特别希望所谓的完全没有艺术经验的观众来看，但草场地这样的艺术区的现状是，展览通常只有策展人、艺术家、学生、收藏家等圈内感兴趣的人来看，尤其在冬天，大概整个展期仅仅有千人左右的观众量。他给我举了一个有趣的例子：一个月以前，他在搜索“草场地艺术区”时发现，关于它的所有信息都被一个“小鲜肉”团体覆盖掉了，因为他们成名的地方是草场地，他们在这里做练习生，叫“坤音四子”，甚至草场地的微博超话下面根本没有展览信息，全是关于他们的。他们的粉丝会组团来草场地打卡、去他们曾经买过牛肉饼的小店拍照，而那个小店则顺势挂起他们的肖像。这就是多年耕耘的所谓当代艺术的土壤，在流行文化面前很容易被杀到片甲不留。他们的粉丝会去那个小店打卡，但不会主动到画廊看展。这就是艺术行业的现状：艺术行业无法对艺术行业之外的人产生强烈的作用，甚至在整个文化领域中都显得微不足道。今天画家的个体实践非常无力，以至于画家无法以底层工人和小企业主之外的身份融入整个社会结构之中。在整个现代美术革命的背景下思考这个现状的产生结果是令人五味杂陈的，像“延安木刻运动”和“墨西哥壁画运动”都很有能量，它们对普罗大众的作用从启蒙的角度或者审美的角度看都相当强烈。于瀛希望通过一系列的展览去实践这样一种组织形态：我们是不是可以通过展览，来重新塑造画家社群的政治主体性？

特别支持：“早春图”（THE RITE OF SPRING: SUN CE）

2019年“去碑营”项目第五次展览“画的诞生”结束之后，于瀛一直没有策划新的展览，半年中他忙于已经进行了三年的个人作品项目和“去碑营”展览项目的艺术家调研，这两件事让他有点儿焦头烂额。因此，当朋友孙策提出邀请于瀛做自己个展“早春图”的策展人时，于瀛坚决拒绝了。他没有策展人的身份认同和服务意识，也不想作为策展人卷入与艺术家的权力结构和利益交换中，尤其是个展。迄今为止，他只署名过三次策展人。一次是2011年的倪军个展，彼时他刚刚大学毕业不久，出于对倪军个案研究的兴趣以及对倪军“艺术家应该是艺术家活动的谋划者”理由的认同，他毫不犹豫地接受了艺术家的邀请。另两次则是“去碑营”项目的第一次展览“北平之春”和第三次展览“金陵冬季学院 II：地域画家”，此时他关心的是画家群体和空间设计，而且策划展览是他作为应空间艺术总监责无旁贷的工作。

尽管如此，在一次出差期间受邀看了孙策个展的场地之后，作为对艺术家以及学有缉熙美术馆负责人的信任的回馈，于瀛决定帮忙解决空间设计中的棘手问题。他给自己设计了“特别支持”这样一个身份，并以此为理由参与为期两个月包括主题、空间、出版物、纪录片、新闻稿在内的每一个细节中。首先是空间，于瀛提议保留原有空间中最美好的几个部分，比如展厅入口的仪式感、两个展厅的对比感、逼仄长廊的深邃感、广州阳光的丰富感。他把整个展厅视为一个总体剧场，在其中切出四个部分对应孙策的四件（组）作品《空色》《空白》《鸭嘴兽》《对< 早春图 >的色谱研究》。《对< 早春图 >的色谱研究》是于瀛在访问艺术家工作室时发现的一件早期作品。根据这件作品，于瀛选择以“早春图”作为这次展览的标题，英文标题“THE RITE OF SPRING”来自斯特拉文斯基著名的芭蕾舞剧《春之祭》。这件作品中的色谱马赛克也成为室内玻璃幕墙和室外巨幅海报的来源。展示《空色》与《空白》两组作品的两个展厅根据与阳光的关系被于瀛理解为一阴一阳，分别通过纱幕营造的色层和藤蔓营造的曲线与两组绘画作品对标。在纱幕和藤蔓之间一平方米左右的空间中，于瀛选择展出一张孙策使用手机拍摄的苏州园林初春景色的快照。通过数字中间片和古典铂金印相工艺的重新制作，这张装在古董相框中的快照呈现出一种难辨年代的诡异感。最后是现场，于瀛再次提议在展览开幕现场引入芭蕾舞表演，在玻璃幕墙空间引入花艺陈设，再次呼应展览的中英文标题，营造“荣枯之际”的氛围和仪式感。

在布展完成和展览开幕之际，于瀛写下一篇长长的手记记录这次以“特别支持”为名义的策展工作，此时，在他看来，最重要的已经不是展览策划的全部细节、伏笔、理由和思考，而是这个空间能否对进入空间的观众产生观念和情感的影响，以及能否为这个空间的主人带来一种实验性的方向。

主要策展项目

2016

【群展】“于瀛群展：佛跳墙”，艺术家：常羽辰、李维伊、刘沁敏、刘玉姗、倪军、覃小诗、王飞、吴佳儒，2016 年 9 月 24 日—2017 年 11 月 20 日，应空间，北京

【群展】“工位：劳动万岁”，艺术家：于瀛等，展期：2016 年，北京好在科技有限公司，北京

2017

【群展】“去碑营 I：北平之春”，策展人：于瀛，艺术家：王烁、邓大非、董鹤、姜琤、金景鸿、李天琦、刘健、马文婷、马延红、孟阳阳、祁磊、王云冲、肖答牛、肖江、许宏翔、于艾君、郑宏祥，2017 年 11 月 5 日—2017 年 12 月 15 日，应空间，北京

2018

【群展】“去碑营 II：自我作古”，出品人：赵剑英，艺术总监：于瀛，展览执行：陈君君、孙琪，艺术家：陈皎、程鹏、冯一扬、劳家辉、李波、林枞、刘思麟、刘夏、娄申义、罗蔷、任倢、商亮、陶大珉、萧涵秋、叶甫纳、叶楠、钟锦沛，特别放映：李鹏飞《知天命》，2018 年 3 月 3 日—2018 年 4 月 22 日，应空间，北京

【群展】“去碑营 III（金陵冬季学院 II）：地域画家”，策展人：于瀛，艺术家：阿斯巴甜、沈涛、董鹤、段建宇、黄静远、林晓、刘海粟、倪军、秦槐、苏天赐、王璜生、王之博、徐累、叶浅予，2018 年 4 月 20 日—2018 年 5 月 3 日，南京艺术学院美术馆，南京

【群展】“去碑营 IV：密度符阵”，出品人：赵剑英，艺术总监：于瀛，展览执行：陈君君、刘凌皓，艺术家：陈梓睿、戴丹丹、戈子馀、胡勤武、黄立言、雷徕、李易纹、李振威、刘聪、欧阳苏龙、孙策、孙子垚、王楫、徐赫、杨欣嘉、应歆珣、张佳星、张嗣、张懿、章犇，2018 年 5 月 20 日—2018 年 6 月 30 日，应空间，北京

【群展】“去碑营 V：画的诞生”，出品人：赵剑英，艺术总监：于瀛，展览执行：陈君君、王紫薇，艺术家：陈逸飞 、葛雅静 、韩皓宇、梁浩、李勇、能尖日、秦铃森、曲业洋 、唐诗、万真宇、许力炜、尤阿达 、闫泓池、张心一 、朱荧荧，2018 年 11 月 11 日—2019 年 1 月 13 日，应空间，北京

2019

【个展】“早春图：孙策”，艺术家：孙策，特别支持：于瀛，2019 年 5 月 25 日—2019 年 7 月 30 日，学有缉熙美术馆，广州

李泊岩

反思展览的展览

天气状况	阴 / 阴
气　　温	7℃ /−2℃
风力风向	西风 1~2 级 / 西风 1~2 级
采访时间	2019 年 1 月 18 日星期五，14:30—17:30
采访地点	水猫儿餐吧（Restaurant & Bar），天津市津南区海河教育园区雅观路 15 号

2019 年初，我们和李泊岩约好一个周五下午在天津见面。上午从北京出发，雾霾越重，距离天津就越近，两个半小时后到达天津市中心。吃过午饭，我们如约赶到海河教育园区，在一个小树林边的餐吧开始了我们的采访。李泊岩和高宇、付帅联合策划的展览“十二月三十一日星期一，没有展览多可惜！”刚刚结束。他说天儿真的太冷了。

一个关于“应付”的展览

展览“十二月三十一日星期一，没有展览多可惜！”（DECEMBER 31ST IS A MONDAY. WHAT A SHAME THERE IS NO EXHIBITION!）于 2018 年的最后一天在风水宝地空间开幕，共展出十天。风水宝地空间是李泊岩和付帅在宝坻区京津新城辛庄子村做的一个小空间，这个空间有三个院子、七间屋子，有白盒子式的空间，也有非白盒子式的空间。李泊岩和付帅做这个空间的初衷就是做着玩儿。俩人春天做了第一个展览，之后付帅忙画画、李泊岩忙策展，各忙各的，年底的时候发现这个空间其实有点儿名存实亡的意思，于是决定再做一个展览。李泊岩和付帅商量不如做一个关于“应付”的展览。怎么“应付”呢？就是艺术家和策展人一起“应付”出来一个展览。策展人请每位（组）参展艺术家用最“应付”的方式提交一个方案或者一件作品。这是一个出发点，做的时候就发现有的人会真的很应付，有的人会消遣这个“应付”或者会以“应付”为主题创作一件作品，有的人会不是很应付或者应付不起来，有的人会拿策展人开玩笑，把皮球踢回去，给策展人一个需要完成的任务。这些回馈是策展人特别感兴趣的，为了增加这种回馈的体量，三位策展人一共找了五十八位（组）艺术家参加这个展览。高宇、付帅、李泊岩认为他们用“应付”的方式策划并展出的其实不是“应付”出来的作品，而是关于“应付”的回馈。这个展览试图提醒我们，很多时候艺术和活着对我们而言何尝不是一种“应付”呢？三位策展人希望通过这个展览对一年以来的创作进行一个总结，无论是以批评家、艺术家身份创作的高宇、付帅，还是以策展人身份创作的李泊岩，大家都在反思自己是否在以“应付”的态度为人处事。

对李泊岩而言，尽管受父亲的影响，从小学习艺术的初衷是热爱并因此看了很多励志的书，比如欧文·斯通的《梵高传》，但是当一个人真正开始从事相关工作的时候就会发现，艺术可能没有那么神圣，艺术可能只是自己每天都要去做的一件事情，甚至只是一个养家糊口的工具，自己无时无刻不在应付。顺着“应付”的话题，李泊岩告诉我，他从大学学国画到现在做策展的原因，是感觉自己似乎“应付”策展比“应付”创作的水平更高、能力更强。2013 年之前，李泊岩喜欢把展览当作品来做，比如他建了一个微信群，邀请群里的艺术家们每天发一个黑色小视频，小视频是艺术家们的作品，而群则是他的作品。反过来说，如果他是艺术家，那么群里的艺术家就是他的工具。李泊岩认为这种逻辑是有问题的，他开始主动关注策展的历史和理论，从 2013 年、2014 年的每年一个展览到 2015 年、2016 年的每年两个展览，再到 2017 年的五个展览和 2018 年的八个展览，他自然而然地完成了从艺术家到策展人的身份转换。

迄今为止，除“十二月三十一日星期一，没有展览多可惜！”之外，李泊岩有四个展览是通过联合策展的方式完成的，关于这种联合策展的方式，他的经验是两三个策展人应该在吃饭聊天中提出一个可以产生共鸣的话题，而不是一个展览中包括两三个自说自话的单元。李泊岩常常会问，联合策展人为什么会在一起工作？一个展览为什么会在一个特定的时间和空间中产生？一个展览产生的道理是什么？

天上的“三高”（TRIO）

2015年的“三高”是李泊岩决定以策展人身份开始工作之后做的一个比较重要的展览。这个展览虽然很小，但是策展人当时关于展览的全部思考都已经浓缩其中。李泊岩在想，自己要做哪个类型的展览？自己要做的展览和其他人的展览相比有什么不同之处？当时的大部分展览给李泊岩的一个感觉就是策展人都在做一件事情：合并同类项。比如画家都喜欢画圆就做一个画展叫“圆”，比如艺术家都是女的就做一个女性艺术之类的展览。这种通过合并同类项拟定主题、策划展览的方式过于简单，策展人其实无足轻重。从对这种策展方式的反思出发，借用一种中国传统艺术的概括方式——艺术家有“二王”“三苏”“二米”“四王”“海虞二冯”（明末清初虞山派诗人冯舒、冯班兄弟），宋代马廷鸾有诗《感二李》，近代老舍有小说《二马》——李泊岩虚构了一个名为“三高”的武林门派。高，是姓氏，也是高手的意思，同时“三高”是高血脂、高血压、高血糖三种病的总称，它一语双关地指向展览的各种问题，比如展览很多、开幕就是闭幕、策展方式过于简单，等等。李泊岩在手机通讯录中找到了三位都姓高但互相不认识、不了解的艺术家高露迪、高岩、高宇，策划了一个由三位艺术家的三件作品组成的展览。

高宇和李泊岩合作过很多展览，现在是南开大学的博士生，做艺术批评也做作品，比较综合；高露迪做的是绘画，在首都师范大学上学时就曾参加过李泊岩策划的展览；高岩做的是摄影，现在是天津美术学院的教师。他们三位生活在不同的地方，做的事情完全不一样，互相之间完全不认识、不了解，因为如果认识、了解就会互相知道对方将为这个展览做什么作品、送什么作品。李泊岩和三个人单独沟通，首先告诉对方自己要做一个关于“高”的展览，然后听对方讲学习艺术的经历和故事，最后为对方写一篇完全虚构的文言文传记，三篇合起来就是《三高传》，作为展览前言的替代物。李泊岩认为，如果把展览前言写成策展说明就没什么意思了，观众只要通过完全虚构的文言文传记对三个人产生兴趣就可以了。三个人每人做了一件与“高”有关的作品。高岩用李泊岩写《三高传》的方法回馈展览，他从网络中找了十五张图片，为每一张图片虚构了一个艺术家传记和作品说明并进行评论，进而把十五位不存在的艺术家变成十五位高手；高宇曾在德国学习，他晕机很厉害，关于“高”最恐惧的是飞机窗户，因此做了五个飞机窗户；高露迪以自己的身高为基准，把电脑字库里二十五种字体“高”字的第一笔“点”打印出来贴在自己头顶的位置，一字排开。

地下的“铁托”（PORTRAITS OF TITO）

2017 年的“铁托的肖像”是一个不太寻常的展览。关于这个展览的来龙去脉，李泊岩告诉我，当时王将在陌上画廊和陌上实验做艺术总监，其中的项目空间陌上实验是一个很好的小空间，很多艺术家朋友都在那里做过有意思的展览，像张云峰和李海光的“禽兽公园”[1]。有一次王将说了一个事情让李泊岩很感兴趣。王将在收拾仓库的时候发现地面上有一个铁盖子可以打开，走下去一看，原来是 798 艺术区的防空洞。他请了很多策展人朋友去看这个防空洞，但都没有特别好的展览方案。李泊岩喜欢这种非展示空间，他第一次去看的时候感觉那个防空洞很神秘，很长很长，很大很大，他想，地上和地下是两个世界，人想的东西可能完全不一样，如果爆发战争，躲在防空洞里的难民会想些什么？会发生南斯拉夫导演埃米尔·库斯图里卡（Emir Kusturica）的电影《地下》

1 “禽兽公园：张云峰、李海光”，策展人：王将，出品人：高小伟，艺术家：张云峰、李海光，2016 年 10 月 27 日—2016 年 11 月 6 日，现场表演：2016 年 10 月 29 日 16:00，陌上实验，北京

（UNDERGROUND）中那样的故事吗？798 艺术区的前身是 20 世纪 50 年代新中国“一五”期间建设的“北京华北无线电联合器材厂”，即 718 联合厂，直到 21 世纪初才开始逐渐转型成为艺术区。半个世纪以来，这里的防空洞是无人问津的，如果这期间有人来这里，这些人应该谈论一些在地上不会谈论的问题，比如关于西方的想象。于是李泊岩虚构了一个历史上曾出现的“铁托兴趣小组”的故事。因为在 20 世纪六七十年代人们很难接触苏联以外的西方，而铁托则是一个突破口。李泊岩说自己的父辈第一次看到吃西餐、喝红酒，甚至接吻，都是在南斯拉夫电影里，像《瓦尔特保卫萨拉热窝》和《桥》拍的其实都是铁托的故事。铁托在当时中国人的心中是一个特别不一样的人，他是第一个和斯大林闹掰并脱离苏联控制的社会主义国家领袖，后来与印度的尼赫鲁、埃及的纳赛尔一起推行“不结盟运动”。毛泽东曾说，斯大林不相信他是共产主义者，认为他是“半个铁托”。铁托对新中国的政治影响很大，不过论述这种复杂的影响似乎不是策展人和艺术家应该做的事情，李泊岩希望仅仅抛出这样一个历史长河中的点。他把防空洞变成一条地下的历史长河，观众需要穿着雨鞋、打着手电进入一个黑黑的空间，在感受气压和水压的同时参观一个与铁托有关的展览。展览中的四件作品都不复杂。高宇的作品是他在铁托大街做的一个行为的影像，就是给铁托时期的建筑输液，特别符合这个展览的主题。策展人委托两位艺术家为展览创作作品。一位是王将发现的自学油画的农村大姐王珍风，她画了一幅歌功颂德式的铁托肖像；另一位是用普通人照片拼贴伟人照片的张巍，他用两周时间做了一幅合成的铁托肖像。张业鸿的作品是把南斯拉夫历史博物馆（铁托纪念中心）网站中的图片全部下载下来，然后看图片写传记，一字排开、图文并茂，最像博物馆中的东西。最终，观众的反馈很好，他们感觉参观这个展览有点儿像寻宝探险。

从“一场雪”（A SNOW）开始

在以往的谈话和演讲中，李泊岩认为“一场雪”是他真正意义上策划的第一个展览。他告诉我，在“一场雪”之前，其实还有一个展览对他而言也挺重要，尽管那时他没有把那个展览当作展览，但是今天把它放在自己策展的线索中回头去看，那个展览其实已经是展览了。李泊岩在大学一年级的时候遇上“非典”，大部分师生都回家了，剩下的老师和同学留在校园，校园封闭，教学停止。他想，大家好不容易考上美院就是想天天聊艺术，现在几乎没人聊艺术，自己总要做点儿与艺术有关的事情，与其无所事事，不如做个展览。李泊岩突发奇想，在百度搜索中国常见人名并把前十个直接印在海报上，然后给展览起了个名字叫“天津美术学院第一届现代艺术展”。他把海报贴在校园各处，开始观察同学们的反馈。海报上印的展览地点是教学楼四层，可是教学楼只有三层，很多同学爬到三层就发现上当了，其中一位下楼之后居然愤怒地撕碎了海报，这让他觉得非常有趣。李泊岩自接触艺术起就总觉得展览是个特别重要的东西，反过来看，没有展览也是个特别重要的东西。学习艺术的学生全都渴望参加展览，似乎几个学生一起在学校做一个展览就意味着艺术的成功或者进步。从“沙龙展”到“落选者沙龙展”，从印象派的八次展览到马奈和后印象派艺术家的展览，从1969年哈罗德·塞曼（Harald Szeemann）策划的著名展览“活在脑中：当态度成为形式—作品—观念—过程—情境—信息”（LIVE IN YOUR HEAD: WHEN ATTITUDES BECOME FORM-WORKS-CONCEPTS-PROCESSES-SITUATIONS-INFORMATION）到今天的各种双年展、三年展、文献展，艺术家总希望通过参加各种各样的展览来证明自己，然而展览到底是个什么东西呢？对展览的反思成为李泊岩策展逻辑的起点。如果说2003年的“天津美术学院第一届现代艺术展”是一次自发的策展，那么2013年的“一场雪”就是一次自觉的策展。

当时李泊岩想做一个开幕就是闭幕、转瞬即逝的展览，目的就是发一个朋友圈（那一年朋友圈刚刚开始流行不久）。一个下雪天，十位艺术家发给策展人的自己窗外或者门外的照片被打印出来摆放在雪地里，雪继续下，风一吹就都没了，整个展览只有二十多分钟，现场没有观众，没有艺术家，只有策展人。作为艺术家参加了一些展览的李泊岩认为，艺术家在面对展览时总有一种焦虑，渴望成功、渴望火，然而所谓成功、所谓火其实都是一种虚名。“一场雪”就是一个反思展览的展览。

无论“天津美术学院第一届现代艺术展”还是“一场雪”，时隔十年的两个十人展都是在非白盒子空间做的，这成为李泊岩策展的一条重要线索。在谈到这条线索时，李泊岩认为，的确自己非常质疑作为权力象征的白盒子空间是否是展览的唯一选择，不仅如此，自己好像大学时期就喜欢在拆迁工地里捡沥青做作品、在小树林里做书法展。“一场雪”前后，他开始有意识地在废墟中策划艺术家群展。在李泊岩看来，白盒子固然是艺术家最理想的展览空间，但是它也有很多问题，比如艺术家会受到审美、机制、心理压力的三重制约，但是如果在非白盒子中做展览，艺术家就会默认没有观众，作品就会变得更加真实。很多艺术家的作品完全无法被展示、被销售，甚至被传说，对他们来说，展览，不一定要在白盒子中做，不一定要留下文字和图像的文献，甚至不一定要和市场、资本有关。

白盒子内外

除越来越多的策展项目之外，李泊岩的再生空间计划（Space Regeneration Projects）中很多艺术家的作品都是无法被展示、被销售，甚至被传说的。再生空间计划是一家组织在替代空间中进行艺术实践和展览的非营利艺术机构，最初以在废墟中举办跨领域群展为主要形式，经过一段时间的“游击战”，现在包括在尖山拆迁区进行个人展览的“尖山计划”和以展览介入日常家庭的“三口艺术”两个子项目。在这个项目的发展过程中，很多人的无偿捐款仅仅就是基于对这个项目的兴趣。对李泊岩而言，朋友的支持和帮助也是鼓励他成为策展人的一个重要原因。

在谈到再生空间计划与贫穷艺术、贫穷戏剧之间的联系时，李泊岩认为贫穷艺术和贫穷戏剧是艺术史的一个转折点，它在资本主义的美术馆和艺术市场最完善的时候出现，以不参加展览、不进入剧场为荣，态度很有意思。1969 年塞曼策划的展览“活在脑中：当态度成为形式”集中展出了这类作品，就是今天我们说的难以被销售、难以被物质化呈现、被称作“观念艺术”“后极简主义”“激浪派”“偶发艺术”的那些东西，和我们以往在美术馆看到的马蒂斯、毕加索的展览很不一样。展览在 20 世纪五六十年代是革命性的，展览的基因也是在那个时候开始形成的。

2012 年，李泊岩发起了再生空间计划。那一年微信还没有流行起来，他将自己在废墟里捡东西做个展的事情通过微博告诉朋友，有些朋友看着不错就留言，然后一起做。系列个展做完第三个的时候就开始有人愿意赞助，新世纪当代艺术基金会一次给了这个项目四年的经费。两年之后，这个项目已经能够独立运营，成为一种类似艺术家驻留创作的机构，最终地点定在尖山。尖山是 20 世纪 50 年代建设起来的一大片社区，直到现在还没被拆完。李泊岩和他的团队计划什么时候尖山全部被拆完，“尖山计划”这个项目就可以正式结束了。最近一两年，李泊岩的各种策展项目越多，再生空间计划的个展和群展就越少，两类平行的工作此消彼长，但都延续着从反思展览入手的策展理念。

最近几年，李泊岩每年都有一个自己比较满意的展览，2015 年是“三高”，2016年是“ISBN: 9787214056061”，2017年是“铁托的肖像”，2018年是“承受屋”（TAKE IT, EMBRACE IT）。“ISBN:

9787214056061”是一本没什么营养但题目很吓人的书的书号，这本书和一系列与之呼应的“山寨书”常常被陈列在飞机场和火车站的书店里。策展人提供了“大时代”“大目标”“我们的内忧外患”三个副标题，三位艺术家每人选择一个副标题并提供相应作品。三件作品被摆放在三个完全封闭、只能通过猫眼窥视作品的空间中，大量低收入人群对这个类似“拉洋片”的展览表现出兴趣。在“承受屋”中，策展人制定了一个游戏规则，然后把展览交给艺术家去完成。艺术家提交作品并互相选择作品参展；艺术家集体撰写前言，每人写一些句子，策展人将其组织成一篇前言；两位空间助理随意画圈圈出若干展览位置并和策展人一起约定一个时间，所有艺术家通过网络抽签软件得到自己的展位，然后把作品摆放在铅笔标记的相应展位。李泊岩认为，自己每一次策展的起因和结论都是在反思、回馈展览和展览的现象，他策划的展览似乎始终都在讨论为什么展览和展览怎么诞生的问题。

新展：“灼手的余温”（THE GLOWING WARMTH）

继泰康空间的“泰康新生代策展人”项目之后，很多画廊和美术馆都开始关注青年策展人群体，户尔空间就是其中之一。李泊岩受邀在这里策划了他2019年的第一个展览“灼手的余温”。展览标题来自黑格尔《美学》中的一句话：“历史是一堆灰烬，但灰烬深处有余温。”在开幕导览时，策展人告诉我这个展览的初衷是重新定位艺术与社会的关系，将批判的姿态转化为持续的余温，他关心的是当代艺术在作为紧急应对现实的工具的同时是否能够保存某种感性的、烫手的温度。参展艺术家的出生年份跨越20世纪的70、80、90年代，改革开放四十年来的历史对他们而言有着不同的记忆。古师承用金灿灿的金属丝线和金属标牌写下各种关于资本和拜金永不妥协的中式英文；孙存明通过细微的动作赋予倒闭纺织国企的标牌文字、折断的古典风格阳台柱廊、被狗咬过仿佛月亮的桌板一种不一样的想象；杨健把SDSS光谱望远镜光线插板填埋在北京郊区的荒野地下，等待未来的幸运者不是去仰望而是去挖掘；耶苏无休无止地为曾经的奢侈快餐、现在的垃圾食品制作彩色石膏雕塑或者封存能量的纪念碑；曾宏日复一日地描绘正在消失的社会主义国有企业建筑那种简单、苍白、抽象、具体的表面；张佳星用捡来的建筑废料和生活垃圾重新组合成各种光怪陆离的灯箱装置。六位艺术家的十二件作品被策展人煞费苦心地摆放在户尔空间的一、二层展厅，使之呈现一种富有诗意的呼应关系。比如一层的“集体意志”和二层的“个体经验”，比如一、二层之间与太空和月亮有关的两件作品，比如在一层、二层角落如幽灵一般凝视着其他作品的灯箱装置。我们不难看出“灼手的余温”与再生空间计划之间的连续性，只不过这一次不是在废墟，而是在白盒子。展览即将结束的三天前，李泊岩召集古师承、曾宏、张佳星、耶苏四位艺术家和高宇、李贝壳两位策展人在乍暖还寒的望京公园开了一个小会，小会的主题“春天的故事”与那首曾经唱遍大江南北的歌曲同名，很容易再一次让人想起四十年前的那次历史转折事件与我们今天琐碎的生活和艺术之间的关系。

主要策展项目

2013

【群展】“一场雪”，策展人：李泊岩，艺术家：崔明、付帅、姜骁、李廷、李阳、卢正昕、李萌、任瀚、王昱文、张诗叙，2013 年 12 月 18 日，天津

2014

【群展】“到灯塔去”，出品人：蛋生小组（E.G.G.Team），策展人：李泊岩，艺术家：王烁（anusman）、方觉浅、付帅、郝铄、蒋坤、丽雅（Lea Sprenger）、莉莉苏（lilysu）、刘聪、李永庚、任瀚、孙伟、石一帆、王琦、袁越、周玥，2014年4月1日—2014年4月29日，蛋生空间，大连

2015

【群展】“基层劳动”，出品人：孙玥，策展人：李泊岩，艺术家：蔡东东、陈思含、郭勇、哈妮斯、艾德琳 · 派诺特（Adeline Parrot）、寿盛楠、宋楠楠、尼尔斯 · 韦利格曼（Nils Weiligmann）、姚清妹、张梦、张一鸣，2015年5月23日—2015年5月31日，考拉空间，天津

【群展】“三高”，零方案项目总监：王亚敏，策展人：李泊岩，艺术家：高露迪、高岩、高宇，2015 年 10 月 28 日—2015 年 11 月 11 日，南京艺术学院美术馆，南京

2016

【群展】“ISBN: 9787214056061”，策展人：李泊岩，艺术家：高宇、李海光、张悦群，2016 年 6 月 5 日—2016 年 6 月 18 日，吸尘器空间，北京

【群展】“新旧站”，发起人：周玥，站长：李泊岩，艺术家：次根小组、宫煜伟、付帅、高宇、任瀚、任倢、王轩鹤、小龙花、熊言钧、郑毅、周玥，2016 年 12 月 10 日—2016 年 12 月 25 日，吸尘器空间，北京

2017

【群展】“铁托的肖像”，项目出品：高小伟，项目总监：王将，策展人：李泊岩，艺术家：高宇、王珍风、张巍、张业鸿，2017 年 5 月 20 日—2017 年 6 月 2 日，陌上实验，北京

【个展】“第三次摆放：高岩”，策展人：李泊岩，艺术家：高岩，2017 年 8 月 26 日—2017 年 9 月 4 日，器 · Haus 空间，重庆

【群展】“断层再造”，策展人：李泊岩、孙晓星，艺术家：蔡应、高宇、曲媛媛、孙伟、徐静、章嘉禾、张悦群、张静 + 季小萍，2017 年 9 月 23 日，三星堆戏剧节，德阳

【群展】“贫穷剧场：抗拒消费时代的重造”，策展人：李泊岩，艺术家：付帅、高宇、高元、

孙伟、王轩鹤、伍伟、徐书瑞、颜磊、姚清妹、耶苏、张静、张悦群、张云峰，2017 年 11 月 11 日—2017 年 12 月 12 日，白塔寺胡同美术馆，北京

【群展】“日落将至”，策展人：韩馨逸、李贝壳、李泊岩，艺术总监：唐昕，艺术家：范西、高宇、胡庆泰、蒋竹韵、劳家辉、李亭葳、毛韬、孙存明、耶苏，2017 年 12 月 30 日—2018 年 2 月 10 日，泰康空间，北京

2018

【群展】“乱码过失：后末日，少女，甚至，数字未来主义，深圳观念主义，就是说，地理，宴席，颜值担当，知识主权，酱 ~”，策展人：王懿泉、孙晓星、李泊岩，艺术家：戴陈连、高嘉丰、李燎、仇佳、王震宇、李海光 + 张云峰、坚果兄弟、九块九、月台小组，2018 年 3 月 16 日—2018 年 3 月 25 日，第二届深圳当代戏剧双年展，深圳

【群展】“吻与电话”，出品人：徐书瑞，策展人：李泊岩，艺术家：崔译、刘利斌、孙存明、张嗣，2018 年 4 月 29 日—2018 年 6 月 10 日，三三画廊，天津

【群展】“蛇形手臂”，策展人：李泊岩，艺术家：崔博、高岩、高宇、刘聪、罗苇、刘耀华、牛文博、耶苏、杨欣嘉、张巍、张业鸿，2018 年 5 月 5 日—2018 年 6 月 23 日，希帕画廊，北京

【个展】“金色绿色春风沉醉：张业鸿”，策展人：李泊岩，艺术家：张业鸿，2018 年 6 月 30 日—2018 年 7 月 27 日，希帕画廊，北京

【群展】“承受屋”，艺术总监：闫彦，策展人：李泊岩，展览助理：葛子菲、刘静娴，艺术家：陈伟才、高岩、胡燕子、李明孝、邵忆丹、王俊、文豪、杨洪、张翔，2018 年 10 月 20 日—2018 年 11 月 10 日，501 序空间，重庆

【群展】“观看的剩余：第七届济南国际摄影双年展实验展单元”，策展人：李泊岩，艺术家：陈力扬、崔博、高宇、葛雅静、劳家辉、李海光、潘卫、孙存明、王丹丹、文俊杰、杨欣嘉、耶苏、袁越、张佳星、张嗣、张业鸿、张云峰、赵玉，2018年10月25日—2018年11月25日，山东工艺美术学院美术馆，济南

【个展】“欲望天堂：葛辉”，策展人：李泊岩，艺术家：葛辉，2018 年 11 月 3 日—2018 年 12 月 15 日，站台中国，北京

【群展】“十二月三十一日星期一，没有展览多可惜！”，策展人：高宇、付帅、李泊岩，艺术家：王烁、卜云军、蔡雅玲、崔博、戴建勇、董师、高露迪、高索都、高岩、葛辉、葛雅静、何利平、何倩、胡佳艺、胡庆雁、胡为一、鱼与渔无意识小组、黄山、黄焱琳、贾淳、李燎、梁曼勇、龙星如、卢冬晴、洛鹏、罗苇、马力蛟、马良、马玉江、毛韬、牛文博、秦铃森、仇佳、任波、任瀚、石青、寿盛楠、司马源、孙存明、孙亚飞、童垚、王轩鹤、王智一、杨欣嘉、杨健、杨义飞、姚清妹、

耶苏、袁越、张佳星、张嗣、张悦群、张云峰 + 张田宇、张永基、张钊瀛、郑敏、周姜彬、宗宁，2018 年 12 月 31 日—2019 年 1 月 10 日，风水宝地空间，天津

2019

【群展】“灼手的余温”，策展人：李泊岩，艺术家：古师承、孙存明、杨健、耶苏、曾宏、张佳星，2019 年 3 月 23 日—2019 年 4 月 30 日，户尔空间，北京

【群展】“对方正在输入……”，策展人：李泊岩、刘佳璐，艺术家：张佳星、葛雅静，2019 年 5 月 25 日至未来六个月持续输入，AC Gallery（AC 画廊），北京

魏　颖

生物艺术、边界与实验室

天气状况	晴 / 晴
气　　温	10℃ /−4℃
风力风向	东南风 1~2 级 / 东南风 1~2 级
采访时间	2019 年 1 月 23 日星期三，13:30—16:30
采访地点	么么咖啡，北京市朝阳区亚运村小营路 9 号亚运豪庭

2019 年初的一个周三下午，我们在咖啡馆见到了魏颖，她在以策展人身份工作的同时，还在中央美术学院从事科技艺术的研究和教学工作。魏颖的策展以研究为核心，她称之为“研究性策展”。2018 年底她获得了第二届“Hyundai Blue Prize”（青年策展人大奖）的“Creativity”（创意能量）奖，就在我们对她进行采访的两个月之后，她的获奖展“准自然：生物艺术、边界与实验室”开幕。

研究性策展

魏颖从事生物艺术的研究已经有八九年时间。虽然最近几年“科技艺术”成为一个比较热的话题，但是在此之前她的研究一直很低调，涉及对国内外相关艺术家进行的访谈、整理资料以及翻译出版。策展的基本概念来自欧洲，“curating”（策展）一词源自拉丁文“curare”（有治疗、照顾、寻找等意），原意是“看护保管博物馆中的艺术品”，有整理、归档、修复、研究的意思，因此策展本来就是基于研究的。欧洲的博物馆系统以藏品为基础，比如一个博物馆有全欧洲最好的丢勒版画，那么研究者就会一张一张地进行研究、修复，然后整理、归档，每年展出一部分阶段性的研究成果。在魏颖看来，这一类“策展人”的工作展示了策展的本质。在20世纪以来的全球化和新自由主义语境中，“策展”和“策展人”开始有了新的含义。这时的策展不是基于博物馆的藏品，而是基于某个主题或者事件短时性地组织展览，因此需要大量的双年展。现在大家心目中的“策展人”可能就是这种明星化的独立策展人。我们需要关注欧美的动态，同时思考在地性也很重要，因为我们毕竟有自己的文化系统，很多欧美的理论嫁接到中国其实并不落地。因此，策展人需要兼顾欧美动态和本地文化系统。当然，世界也不是二元的，还有大量来自南美、东南亚、非洲的艺术和文化同样极具魅力，因此，当下的策展人需要一种更为多元的视角和思维方式。

魏颖对艺术的兴趣来自家学。父亲大学学的是中文，她的童年在父亲的书房中度过。以王阳明、黄宗羲为代表的浙东文化传承有序，练习书法和读书对童年的魏颖而言，都是很重要的事情。后来学习科学，是因为父亲和她都希望她可以了解和建立另一种思维方式，而生物学则是一个非常好的切入点。研究生毕业之后，魏颖仍然选择从事与艺术和人文有关的工作。她开始的工作是帮助顾问策展人巫鸿教授整理余德耀美术馆的馆藏，馆藏涉及相对完整的中国当代艺术家和大量西方艺术家的作品，在档案整理和进行工作室访谈的过程中，可以系统了解当代艺术的基本线索。此外，“巴厘岛对话”[1]也让魏颖受益匪浅。这个长期的当代艺术项目每年邀请十几位华语圈最重要的策展人、艺术家去巴厘岛，对话围绕收藏、美术馆机制、当代艺术等话题展开，气氛相当轻松，每个人都可以畅所欲言。巫鸿教授是一位很好的组织者，对话持续三四天，非常精彩。在这段时间的工作中，魏颖一直在做判断，结论是当代艺术这个领域很有意思，上一代做了很多的工作和铺垫，下一代会有更多的潜力和发展。余德耀基金会注重培养员工，支持魏颖去全球看展，开阔眼界，比如威尼斯双年展等全球重要的展览。而和巫鸿教授的共同工作，尤其是美术馆的筹备工作和协助策划开幕大展的经历也让她受益匪浅。在当代艺术领域实践四五年之后，魏颖需要继续找到精进的方向。虽然凭借积累的基础可以继续进行中国当代艺术史的研究，但在思考未来方向时，魏颖认为应该结合自己擅长和喜欢的领域，自己的生物学学科背景可能是国内艺术圈大多数研究者和策展人不具备的，国内极少数人在做这方面研究和策展，而未来在全球范围内自己也极具优势。从上海的余德耀美术馆到北京的中央美术学院，魏颖最终选择做一个研究性策展人，而切入点则是国内相对空白的“生物艺术”。

1 “巴厘岛对话 2009”，参与者：余德耀、巫鸿、郭建超、蔡九迪、丁乙、高磊、皇甫秉惠、乌里 · 希克、萧开愚、岳敏君、张子康；“巴厘岛对话 2010”，参与者：余德耀、巫鸿、蔡九迪、黄笃、冷林、叶永青、张子康、张晓刚、周春芽、隋建国；“巴厘岛对话 2011”，参与者：余德耀、巫鸿、郭建超、董冰峰、郑胜天、黄专、卢迎华 / 刘鼎、汪建伟、叶永青、乌里 · 希克、隋建国、埃索 · 阿迪瑟阿姆。

生物艺术（Bio Art）

一开始的时候，魏颖曾以“生物艺术”为题在艺术院校做过一两次讲座，但是很多听众都是第一次听说，也完全无法想象这是个什么东西。这证实了她的判断：在国内生物艺术是一个相对空白的领域，很少有这类艺术家和相关的理论研究基础，不过从另一方面来看，这又未尝不是她可以发挥优势的领域。她决定从文献翻译整理和访谈这些基础性工作做起。几年之后，随着科技行业的快速发展和大众科普程度的提高，生物艺术的话题开始逐渐受到关注。对生物学本身来说，1953年DNA双螺旋结构的发现，开启了分子生物学的时代，完成了一次学科的范式转换。20世纪80年代生物学的普及程度提高，一些艺术家开始尝试艺术与生物的结合；20世纪90年代生物技术成本的进一步降低促使更多的艺术家开始创作生物艺术作品。1997年，艺术家爱德华多·卡茨（Eduardo Kac）创作了《时间胶囊》（Time Capsule）并顺势提出了“生物艺术”这个概念，他在世纪之交完成了著名的转基因三部曲：《创世纪》（Genesis, 1999）、《绿色荧光蛋白兔》（GFP Bunny, 2000）和《第八日》（The Eighth Day, 2001）。与此同时，另一部分艺术家在澳大利亚进行“细胞组织培养与艺术计划”（Tissue Culture & Art Project），比如奥伦·凯茨（Oron Catts）与妻子伊恩纳·祖儿（Ionat Zurr）合作的《无受害者的皮革》（Victimless Leather, 2000）。这是比较重要的两支力量，分别发生在美国的芝加哥艺术学院和澳大利亚的西澳大学。除此之外，荷兰、德国以及地处北欧的国家都有一些生物艺术家。这时需要提到的一个问题是生物伦理。魏颖认为，人类其实一直在对基因进行改造，不过古人并不了解基因，这种漫长的改造是基于经验和表象的，比如金鱼、锦鲤、花卉，就是在一代又一代的繁殖中进行优选。而在今天，通过现代基因编辑技术我们可以很快就让它们变成我们想要的样子。那么我们如何能够认为古人的做法不违反伦理而我们的做法违反伦理呢？当然，对生物艺术创作而言，无论是卡茨的《绿色荧光蛋白兔》还是凯茨的《无受害者的皮革》，艺术家都会首先考虑技术伦理，这是生物艺术应该遵循的惯例。

泛生物艺术（Pan Bio Art）

与卡茨提出的“生物艺术”概念相比，魏颖认为，在国内“泛生物艺术”这个概念其实更具实践的可能性，在她看来，艺术与生物的结合不仅是艺术家将生物技术作为一种高新技术加以应用，而且是可以延伸到更多的层面，比如“技术层面”“材料层面”“图像层面”“数据层面”和“概念层面”。另外，“泛”的意思就是说在她的研究和策展工作中不一定只是针对卡茨所说的“操控、修饰或者创造生命活体”的艺术，而是与生物科技相关的思考都可以引入其中，比如生物科技与艺术、人文、哲学、社会学的互相交叉，甚至可以包括对生物科技的批判，但是这种批判需要建立在真正了解的基础上。因此魏颖创立了泛生物艺术工作室（Pan Bio-art Studio），她根据自己的研究每年抛出一两个问题，策划展览、组织工作坊。

魏颖在2016年策划了中央美术学院美术馆“项目空间·青年策展实验室”项目首展“当形式不成为态度：生物学和当代艺术的相遇”（WHEN FORMS DO NOT BECOME ATTITUDE: ENCOUNTERS BETWEEN BIOLOGY AND CONTEMPORARY ART）。当我问到这个标题是不是对1969年哈罗德·塞曼策划的著名展览“活在脑中：当态度成为形式—作品—观念—过程—情境—信息”的回应时，魏颖说灵感来源的确是艺术史中这个重要的展览，自己的标题也有点儿做文字游戏的意思。在副标题中魏颖没有使用“生物艺术”这个词，而是强调生物学和当代艺术的“相遇”，这一想法演化出后来的“泛生物艺术”这个词。魏颖的这个展览很简单，就是呈现两组形式相似但内容和态度完全不同的作品：本·弗莱（Ben Fry）的作品《染色体21号》与极简主义艺术家艾格尼丝·马丁（Agnes Martin）的绘画《无题7号》对应；有量子物理学教育背景的雕塑家朱利安·沃斯－安德里亚（Julian Voss-Andreae）的《侏儒》《蜂毒肽》两件作品与“纪念碑大师”托尼·史密斯（Tony Smith）的雕塑《回归》对应。平面与立体两组作品的形式惊人地相似，却呈现出两代艺术家完全不同的灵感来源与创作手法，其原因也与时代对艺术家的影响有很大的关系。

在2016年底至2017年初泰康空间的“泰康新生代策展人”项目“抵抗的涌现”（TOWARD THE EMERGENCE OF RESISTANCE）中，魏颖策划了“表象之眼”（THE EYE OF REPRESENTATION）单元。她在展览的主题中引用了叔本华的名句“世界是我的表象”中的“表象”概念，旨在讨论一个问题，即在科学重塑了人对世界的理解方式，世界的神秘性和人的想象力日渐萎缩成为“真实之殇”的今天，艺术家作为最敏感的观察者，应该如何去构建自己的视角和艺术观。古人看到月亮会有很多诗意的想象，比如嫦娥和玉兔，可是我们今天知道月球上只有环形山，而且背面一片黑暗。那么科学在解构旧的美感之后是否会重建一种新的美感呢？在这个展览中，艺术家吴鼎的一件作品就来源于NASA（美国宇航局）的项目。NASA把一个可以记录频率的漂流器放在外太空围绕行星旋转，由于外太空没有空气，所以没有声音只有频率。回来之后，这些频率被转换成声音，这些外太空行星的声音最终被制作成一系列唱片，我们就能够听到浩瀚的宇宙音乐。艺术家将宇宙这个意象转化成为新的美感和诗意。另一位艺术家任日的作品是关于蜜蜂的。艺术家熟悉蜜蜂的习性，他把蜂后放在一个亚克力盒的中心，蜂群就开始围绕这个中心筑巢。艺术家每七天掷一次骰子（七天是创世纪的周期），骰子决定了亚克力盒的放置方式。

经过一段时间，最后蜂群、艺术家和随机概率一起做出一个蜂蜡雕塑。这一作品表达的是艺术家关于“非人类中心主义”的思考，即如何让蜜蜂根据自己的习性共同创作，而不只是成为人类酿蜜的工具。

研究、策展与教育

除在上海辅助巫鸿教授完成的策展助理工作和在北京独立完成的策展工作之外，魏颖还参与了中央美术学院的许多大型展览项目，比如目前已经做了两届的“北京媒体艺术双年展”（BEIJING MEDIA ART BIENNALE）：2016年第一届的主题是“技术伦理”（ETHICS OF TECHNOLOGY），包括大数据、人工智能、虚拟现实、生物基因技术、元科学五个单元，魏颖是“生物基因技术”单元的策展人，这是她非常熟悉的领域；2018年第二届的主题是“后生命”（POST-LIFE），这个主题在很大程度上是从第一届中的“生物基因技术”单元延伸出来的，包括合成生命、数据生命、机械生命三个单元，魏颖继续受邀加入策展团队，主要做的是艺术家推荐和提供理论支持的工作。就在“后生命”开幕的当天，魏颖正在欧洲为奥地利林茨“电子艺术节”（Art Electronica Festival）的学院展“凯若斯”（KAIROS）筹备开幕工作。她告诉我“电子艺术节”是一个始于1979年的历史悠久的媒体艺术节，在科技艺术领域十分重要，获奖作品对该领域有引领作用。古希腊有两个表示时间的词，一个是“柯罗诺斯”（Chronos），另一个是“凯若斯”，如果说前者指的是顺序的时间，那么后者指的就是恰当的行动时间，意思是正确、关键或者恰当的时刻，其复数形式表示时代。今天“凯若斯”已经成为一个广泛应用于修辞学、数字媒体、基督教神学和科学等领域的术语。策展人以此来描述科技艺术的跨学科特性。回来之后魏颖在中央美术学院做了一个讲座，介绍这个艺术节的来龙去脉以及科技艺术领域的前沿趋势。对魏颖来说，她的主要工作包括研究、策展和教育三个方面，三者互为补充、互为滋养。她的研究工作包括生物艺术史梳理；泛生物艺术；科学史、科学社会学、技术哲学、科学哲学；文献翻译；艺术与生态学、环境；艺术、脑科学与人工智能，艺术家与实验室，这两类合作模式；艺术家个案等一个庞杂的系统。在我问到她对这三类工作关系的看法时，她认为研究是一切的基础。策展是研究的一种输出方式，通过展览她能够接受来自艺术界、大众和艺术爱好者的有效反馈，并与艺术家形成进一步的交流。关于教育，由于国内做生物艺术和泛生物艺术的艺术家不多，科学界对此了解的也不多，魏颖在研究和策展之外还扮演了一个教育工作者的角色，她在中央美术学院开设课程、组织工作坊，也在其他院校进行讲座。她在中央美术学院已经开设的国内首个“艺术与脑科学”课程，目前已经孕育出一些非常有意思的作品，之后还将开设“艺术与生态学”等课程。她组织的“红茶菌作为未来材料”的工作坊就是以通过微生物的代谢物培养提供艺术创作的新型材料为主题的，而“生物艺术”和“遇见隐形邻居”两个工作坊就分属转基因艺术和微生物艺术两个方向。这样，一方面可以在教学相长中梳理自己研究和策展的思考，另一方面又可以培养未来的科技艺术家。魏颖说这样的模式基本可以保证自己思考的输入和输出相互平衡，既不会因展览过多而灵感枯竭，也不会因埋头书房而无人理解，最终目的是能够持久而稳定地在这一领域耕耘。

准自然

2019年初，魏颖的第二届“Hyundai Blue Prize”的“Creativity”奖

获奖展“准自然：生物艺术、边界与实验室”（QUASI-NATURE: BIO ART, BORDERLINE AND LABORATORY）在798艺术区现代汽车文化中心开幕。她从布鲁诺·拉图尔（Bruno Latour）的“准客体”（quasi-object）概念出发，试图通过“准自然”这样一个主题提出打破主体与客体、社会与自然等诸多二元对立，出离人类中心主义、超越物种之间的边界，将人类置于万物对等之位的主张。她为这个展览选定的副主题“生物艺术、边界与实验室”分别对应了展览的三个部分：生物艺术史上的奠基性经典作品，亚洲年轻艺术家的多元思考与探索，以及“实验室作为惊奇发生器”项目。魏颖在展览的第一部分展出了三组重要作品：凯茨夫妇以及戴文·沃德（Devon Ward）通过细胞组织培养做出的半活体雕塑，包括《无受害者的皮革》《半活体解忧娃娃》（Semi-Living Worry Dolls）、《蒸汽肉》（Vapour Meat）和《无具形烹饪》（Disembodied Cuisine）；卡茨最有名的转基因作品《绿色荧光蛋白兔》及其引发的一系列个人行动和社会讨论；玛尔塔·德·梅内泽斯（Marata de Menezes）通过基因编辑改造蝴蝶翅膀图案的《自然？》（Nature?），以及讨论基因突变和基因编辑哪个更接近自然的《真正的自然》（Truly Natural）。展览的第二部分与泛生物艺术和非西方领域有关，魏颖展出了六位年轻艺术家的作品：赵仁辉收集了五十五个被人类影响的生物图像，进而对其进行研究和亦真亦假的写作，最终以书和摄影的方式呈现，他的另一件作品则将与艺术家共处一室的昆虫进行了博物学式的陈列；任日与蜂群以及随机概率一起创作的蜂蜡雕塑，预示未来的创作主体不一定是人类，而很可能是一种混合身份；徐维静关注蚕与现代机器逻辑的融合，通过艺术将生物、技术和文化编织在一起；林沛莹以写作来讨论病毒对人类而言可能并非寄宿与致病的关系，而是共生的关系；刘娃借助脑电波技术将理智与情感这一对抽象概念通过主客体的并置呈现出来；塔尔·丹尼诺（Tal Danino）在高倍显微镜下发现了微生物的分裂与宇宙大爆炸之间图像的高度相似。展览的第三部分从刘张铂泷的摄影作品《实验室》（Laboratories）引入，介绍了三个设置了艺术家驻留项目的著名实验室：欧洲核子研究中心（CERN）、塔拉科考船（TARA）和外星智慧搜寻计划（SETI），陆、海、空三个样本的展出旨在讨论作为“祛魅”的实验室如何能够成为想象力回归和“还自然之魅”的场所，以及预示未来的艺术创作不一定发生在艺术家工作室和公共领域，还可能发生在科学实验室中。

魏颖认为，相对而言“准自然：生物艺术、边界与实验室”这个展览面对的观众比较特殊，如果是在中央美术学院，面对的观众就是艺术师生，如果是在中国科学院，面对的观众就是科学专业人士，但是展览发生在国内人流量高达百万的798艺术区，那么面对的观众就是真正意义上的大众和艺术爱好者。同时，展览不应该是一个科学普及展，而应该是一个当代艺术展，因此与展览有关的公共教育活动需要兼顾“深入”与“浅出”，兼顾艺术人文与科学技术的综合。

主要策展项目

2014

【群展】“天人之际：余德耀藏当代艺术”，策展人：巫鸿，策展助理：魏颖，2014 年 5 月 18 日—2014 年 11 月 18 日，余德耀美术馆，上海

2016

【群展】“当形式不成为态度：生物学和当代艺术的相遇”，策展人：魏颖，艺术家：本·弗莱、朱利安·沃斯－安德里亚，2016 年 7 月 2 日—2016 年 8 月 27 日，中央美术学院美术馆，北京

【群展】“第一届北京媒体艺术双年展：技术伦理”，单元策展人：亚历山德罗·罗兰迪（Alessandro Rolandi）、胡章权、李新路、毕昕、魏颖，2016 年 9 月 25 日—2016 年 10 月 9 日，中央美术学院美术馆、中华世纪坛艺术馆，北京

【群展】“抵抗的涌现”，策展人：富源、缪子衿、魏颖、姚梦溪，艺术总监：唐昕，艺术家：林甲悦、沈莘、杨露子、胡伟、谭天、赵天汲、刘国强、任日、吴鼎、史镇豪、唐潮、郑源，2016 年 12 月 30 日—2017 年 3 月 4 日，泰康空间，北京

2018

【群展】“第二届北京媒体艺术双年展：后生命”，单元策展人：魏颖、布拉德·米勒（Brad Miller），2018 年 9 月 5 日—2018 年 9 月 24 日，中央美术学院美术馆，北京

【群展】“凯若斯”，执行策展人：魏颖，2018 年 9 月 6 日—2019 年 9 月 10 日，电子艺术节，林茨

2019

【群展】“准自然：生物艺术、边界与实验室”，策展人：魏颖，艺术家：奥伦·凯茨夫妇、塔尔·丹尼诺、玛尔塔·德·梅内泽斯、爱德华多·卡茨、林沛莹、刘娃、刘张铂泷、任日、塔尔·丹尼诺、徐维静、赵仁辉，2019年3月22日—2019年6月16日，现代汽车文化中心，北京

李贝壳

扩展领域的策展

天气状况	多云 / 多云
气　　温	11℃ /−2℃
风力风向	南风 1~2 级 / 南风 1~2 级
采访时间	2019 年 2 月 25 日星期一，14:00—17:00
采访地点	今后也请，北京市朝阳区望京东园 7 区 1-1 美瑞泰富大厦售楼处底商旁

春节过后，天气回暖，北京的大中小学已经纷纷开学，周一下午我们没课，李贝壳也没课，大家约在望京一家安静的日本料理店三层进行采访。李贝壳是我们采访的策展人中最年轻的一位，她曾在英国专门学习策展并获得艺术和设计两个策展硕士学位，目前是中央美术学院的在读博士生，研究方向是博物馆与文化政策。我们的采访从她的学习经历开始。

扩展领域的策展

与前辈和同辈大多数策展人从艺术史、艺术实践或者其他学科进入策展领域不同，李贝壳虽然大学学的是动画，但是出于将来想在博物馆、美术馆、画廊等艺术机构工作的意愿，她毕业之后前往英国一口气读了两个策展专业的硕士，算是科班出身。在金斯顿大学她学的是设计策展。金斯顿大学的设计史研究比较强，这个专业针对的是各种设计展，有一些项目是与伦敦设计博物馆合作的，但更多的项目是与伦敦设计周或家居设计展相结合，相对而言比较商业，李贝壳不太喜欢。因此，在伦敦艺术大学中央圣马丁艺术与设计学院，她学的就是注重艺术理论的文化批评与策展。随着艺术与设计的界限变得越来越模糊，现在看来，那一段关于设计策展的学习经历反而成为她很好的学科补充。

2019 年 1 月 4 日，李贝壳在广州美术学院美术馆参加了一个胡斌老师主持的名为“回视媒介：媒体艺术与策展”的青年学术论坛，她借此机会整理了自己在中央圣马丁艺术与设计学院学习策展时参与的三个策展项目，并以此为例分享了自己的主要策展思路。她分享的题目是“扩展领域的策展：与‘境况’共事”。最近几年，尤其是 2019 年，策展的边界正在不断扩展，艺术与科技、设计、建筑等领域正在不断结合。面对这种趋势，李贝壳认为自己的策展思路其实来自对“文化批评与策展”这个专业的认识和理解。中央圣马丁艺术与设计学院的这个专业教学分为理论与实践两部分，理论部分的主要课程是文化批评。与国内分门别类、从古到今的教学方法很不一样，在这个课程中，艺术史、建筑、设计等领域的问题都会被放在一个文化批评的大框架下根据主题进行讨论，主题包括档案、记忆的政治、视觉分析、公共空间、符号学、虚构、介入、话语分析、什么是图像？什么是物体？等等。其中令她印象深刻的是关于“site-specific”（地点特定性）和“curatorial”（策展的）这两个概念的讨论。比如后一个概念，我们过去讨论更多的是策展的行动而不是策展的方法，那么我们现在知道这个概念与20世纪90年代以来以玛丽亚·林德（Maria Lind）为代表的一批英国前卫策展人推动的“新机构主义”运动有关。他们反对一种以白立方和策展人为中心自上而下的策展机制。之后就出现了越来越多的替代空间展览和更加丰富的形式，比如大家以小组讨论的形式代替传统的展览，同时在策展过程中艺术家的地位逐渐提升，而不是完全以策展人的个人意志为中心。李贝壳告诉我，文化批评课程中的很多讨论都是在策展人如何进行自我反思的大背景下展开的，像“基于档案的”“活动中的展示”“实验美术馆”，等等。在这些课程的学习和讨论之后，大家会以小组为单位进行一些真枪实弹的策展实践。李贝壳认为正是在中央圣马丁艺术与设计学院学习期间的三个项目帮助自己建立起一整套关于“curatorial”的思维方式，2015年的这三个项目也是她在真正意义上策展实践的开始。

档案、活动、声音

第一个项目是基于档案研究的展览“PUSSY POWER”，意思是“女性的力量”，有强烈的女性主义味道。在这个关于档案分析训练的项目中，李贝壳和团队开始接触学校的档案室，接触一些一手的物品和资料。她们得到的是一位已经离开中央圣马丁艺术与设计学院的女老师留下的在这里工作期间的全部档案，包括信件和私人物品。这位老师曾经是伦敦艺术大学伦敦传媒学院设计专业的教员，她收集了很多与设计有关的资料和海报。通过阅读这些档案，李贝壳和团队希望更加深入地了解这位老师和她的故事。他们发现她一直在为提升女性在设计行业中的地位而努力，因此决定从她的故事入手，做一个为女性设计师争取平等权利的展览。这位老师曾以人们对女性的刻板印象为基础设计了一套名为“Pussy Galore”（普斯·格罗）的字体，“Pussy Galore”是20世纪60年代一位“邦女郎”的名字。李贝壳和团队虚构了一个关于Pussy Galore的故事，故事由六个章节组成，插图专业的六组同学根据这六个章节完成六组风格截然不同的作品，最后组成一个橱窗展览。通过这个项目的训练，李贝壳和团队掌握了一种在档案整理中重新诠释档案的方法。在他们看来，档案对当代人的影响和当代人对档案的诠释也许比档案本身更加重要。

第二个项目是活动中的展示“复兴的文化”，英文是“CULTURES OF RESILIENCE”，“resilience”有弹性、韧性、复兴和复原能力的意思。这是一个为期四天、由十六个小组活动组成的项目。当时伦敦艺术大学有一位教授正在进行一个为期两年的关于“resilience”的讨论。在设计领域“resilience”多指有弹性和韧性的材料以及可持续发展的产品，这位教授想进一步了解学校中各个学科和专业是如何看待这一问题的。讨论的成果由文化批评与策展专业的学生统一策划、进行展示。李贝壳和团队制定了一个时间表,让每一组在四天内选择不同时间段使用同一个空间进行展示，有的展示物品，有的进行表演，一旦某个活动结束，时间表上的这个活动就会被划掉。其中一个活动是关于食物的，伦敦艺术大学有一位艺术家露西·奥塔（Lucy Orta）研究食物政治，她的作品“食物行动”经常是在一个超大型广场上，几百人一起一边吃东西一边进行关于食物的反思，在这个展览中，这位艺术家的作品就是展示一次小规模的“食物行动”；另一个活动是关于瑜伽的，这个小组中的艺术家认为练习瑜伽是一种自我复原和复兴，因此他们的作品就是在这个展览中表演瑜伽。

第三个是一个毕业项目“声音—浸入—环境”，英文是“VOLUME DISSOLVES INTO ATMOSPHERE”。这个项目是与伦敦当地的一个机构 David Roberts Arts Foundation（大卫·罗伯茨艺术基金会）合作的，这个机构的一层是一个展览空间，经常举办与音乐有关的展览，二层是一个实验空间，主要面向不同学院策展专业的年轻人。李贝壳和团队根据一层的展览内容在二层做了一个与声音有关的展览。如果说一层是视觉的，那么二层就是非视觉的，这样一二层之间是一个完全相反的关系。他们把二层的窗户全部封上，变成一个黑色的空间，观众进入空间之后完全看不到任何东西，只能依靠听觉。这个基金会曾是一家工厂，20 世纪八九十年代这里经常上演连续二十四小时的非法 rave（锐舞）派对，非常容易唤起当地人对青年亚文化的记忆。艺术家安德鲁·桑德兰（Andrew Sunderland）根据策展人的要求在楼下录制了一段时长三分钟的声音，然后把这段声音拉长到七十二小时并在楼上从头到尾播放一次。这样，一个带有各种杂音的缓慢声音就仿佛来自一个缓慢的派对。整个展览只有三天，但是全部要素都围绕声音展开，比如展览的邀请函就是一段声音，展览的海报就是一张黑底白字的图表。配合展览，李贝壳和团队在最后一天邀请嘉宾大卫·托普（David Toop）、艾德·凯利（Ed Kelly）、安东妮·布洛克尔（Antonia Blocker）、哈米什·邓巴（Hamish Dunbar）组织了一场关于声音艺术的讨论会“策划声音”。

“无法兑现”（ACCESSING THE MEMORY）

在中央圣马丁艺术与设计学院学习艺术策展之前，李贝壳作为张永和老师的策展助理参与了“2014大声展”建筑、产品、城市单元的策展。张永和老师与《新视线》杂志当时关注的是青年艺术家、设计师的生态。在展览策划过程中，李贝壳与很多年轻艺术家、设计师建立起很好的合作关系，如何与他们共同成长成为她之后策展实践的一个主要兴趣点。在中央圣马丁艺术与设计学院学习艺术策展之后，李贝壳回国在长征空间工作了一年，见证了几个有意思的展览，比如王思顺的个展“启示”[1]和张健伶、郭熙策划的青年艺术家群展“平面震颤”[2]。她说当初选择去长征空间工作是因为喜欢这家机构的学术性和在地性探索，尤其是延续至今的“长征计划”。通过在长征空间的工作和展览，李贝壳认识了一些青年艺术家，也积累了一些机构工作的经验。以此为基础，李贝壳希望继续做一些自己喜欢的策展项目。

2017年的“无法兑现”是一个关于档案、记忆、信息生产与存储媒介的展览，也是李贝壳离开长征空间之后在国内独立策划的第一个展览。这个展览得到挪威大使馆的赞助和支持，并在两位德国策展人妮妮（Antonie Angerer）和安娜（Anna-Viktoria Eschbach）联合创办的非营利艺术空间 I: project space（项目空间）进行展示。为了准备这个展览，李贝壳带着拍摄小组专门去了一趟挪威的奥斯陆和卑尔根，在十二天中他们走访了四位艺术家的工作室，拍摄了四段介绍艺术家及其实践的视频。最终展览邀请了六位在挪威和冰岛工作、生活的艺术家和四位中国艺术家。I: project space 的展览空间其实特别小，但是那次参展的艺术家和作品特别多，开幕观众也特别多，因此有点儿人气爆棚的感觉。关于“无法兑现”的主题，李贝壳认为，信息的快速积累与存储媒介的快速更新、迭代之间形成了一种紧张关系，导致了大量记忆与档案的流失，她把这

1 “启示”，艺术家：王思顺，2016年4月28日—2016年5月26日，长征空间，北京

2 “平面震颤”，策展人：张健伶、郭熙，艺术家：朝恩·雅浸、冯冰伊、冯晨、黄淞浩、施昀佑、苏予昕、童义欣、张月薇、朱昶全，2016年12月10日—2017年2月19日，长征空间，北京

个问题带到走访拍摄中、带到展览策划中，作为一种提出问题的方式。比如安德鲁·阿莫尼姆（Andrew Amorim）的作品《以免被摧毁》（Lest We Perish），就是他与一位经常在油管（YouTube）发布烧毁新款耐克运动鞋视频的网络红人“杀死运动鞋”（To Kill Sneakers）合作，记录后者制作烧鞋视频的过程；比如梁半的作品《日落—日出》（Sunset-Sunrise）就是以手机为媒介，通过将地球两端的日落拼接在一起讲述一段关于异国恋情的记忆；又比如柯比·内尔（Kobie Nel）在对20世纪70年代挪威一起扑朔迷离的自杀案件的调查，以及由此反复演绎出来的系列作品《伊赛岛案件调查计划》（The Isdal Woman Project）。那么诸如网络、手机之类信息生产与存储的新媒介到底如何影响了我们的生活？档案和记忆中真实和虚构的边界在哪里？这似乎真是一个问题。

做完这个展览之后，李贝壳回到中央美术学院，在国家艺术发展战略研究协同创新中心攻读博士学位，研究方向是博物馆与文化政策。李贝壳基于自己在英国留学的背景，选择了英国20世纪八九十年代的文化政策和YBAs（英国青年艺术家）作为自己的研究课题，她希望结合艺术家、艺术现象和文化政策进行一个关于特定时间、特定地点的艺术社会史研究。

摄影、影像与“置景”

与泰康空间的“泰康新生代策展人”项目一样，鸿坤美术馆也在关注青年策展人群体，艺术总监田恺希望李贝壳来策划一次展览。摄影和影像中的虚构是李贝壳自学习策展和从事策展实践工作以来一直感兴趣的问题。摄影诞生之初的唯一功能是纪实，或者说是反虚构和反编辑的再现，不过随着摄影逐渐成为艺术的一种主流样式，其功能已经不再只是纪实，艺术家开始在摄影中通过大量使用虚构和编辑的方法达到表现的目的。其实很多人都讨论过类似的问题，但是李贝壳试图在展览中以自己的方式重新提出这个问题，她引入了“置景”的概念。“置景”一词经常在戏剧和电影中被使用，是一种通过舞台搭建和后期编辑等手段创造新图像的方法。在“置景俱乐部”（THE STAGED CLUB）这个展览中，策展人邀请了十位摄影和影像艺术家一起阐释“置景”这个概念。其中，陈维的摄影作品就是非常典型的“置景”，他在工作室中通过舞台搭建完成摄影或者在户外拍摄之后通过后期编辑完成摄影，他的作品看起来非常真实，但是其实都是通过搭建场景的方法再现出来的。蒋志的摄影作品大家比较熟悉，也是一种搭建的“置景”，他喜欢把很微小的东西拍得很宏大，比如把纸的褶皱拍得好像山的纹理一样，他的大多数作品都是在一米见方的小影棚中拍摄的。范西的摄影作品是一种编辑的“置景”，她在同一时间、同一地点从不同视角拍摄上百棵树，然后再把它们拼接成一棵树，亦真亦幻。李昶现在生活在英国，是一位非常活跃的影像艺术家，她花了很长时间在英国寻找类似中国山水画手卷的风景，然后架设两台摄影机平行拍摄这些风景。她的影像作品看上去仿佛是一幅静帧的摄影照片，但是偶尔飞过的白鹭提示我们这其实是一件很慢很慢的，关于动与静、真实与虚构的影像作品。陈晓峰目前在上海工作，兼职做摄影，他的作品的主角是我们生活中时常忽略的事物（例如公共空间中的植物），在这些作品中微不足道的花花草草成为肖像的主角。柯比·内尔一如既往的“伪案件调查”摄影作品讨论的依然是记忆与档案、真实与虚构的关系。鸿坤美术馆希望与更多的年轻策展人、艺术家进行交流，因此在展览期间又邀请了六位策展人、写作者（戴西云、李贝壳、李博文、富源、孙天艺、苏文祥）和五位艺术家（陈俏汐、范西、刘张铂泷、孙诗、杨圆圆）进行了一场以“当代摄影中的‘置景’”为题的展览对谈活动。

“日落将至”（BAD NEW DAYS AHEAD）

2017 年底至 2018 年初，“泰康新生代策展人”项目第二次年度报告如期而至。展览“日落将至”在某种程度上延续了第一次年度报告展览“抵抗的涌现”[1] 开启的合作模式和工作方向，但是与之不同的是，这一次不是由四位策展人策划四个相对独立的单元展，而是由三位策展人联合策划一个主题展。李贝壳受邀参与其中，她向我介绍了这个展览的框架和细节，以及她自己对这个展览的认识和理解。

韩馨逸、李贝壳、李泊岩三位策展人精诚合作，在整体上营造了一种“日落将至”的氛围，表达了一种面对未来的焦虑情绪。展厅入口正对着的空间被布置成白色的，而展厅入口右手边的空间（包括一大一小两个空间）则被布置成黑色的，白天和夜晚两个意象相互呼应。李贝壳根据展览主题邀请了范西、胡庆泰、孙存明、蒋竹韵四位艺术家参加展览。在白色展厅中，范西的作品《球体，时间不明确》（Balls, Time Uncertainty）由两个巨大的充气白色球体组成，几乎充满了整个空间。胡庆泰以运动代替思考，他通过缠绕碎布条的行为完成的作品《速度！长点？像！添加花色！更紧点！漂亮！》（Speed! Longer? Similar! More colors! Tighter! Smart!）被悬挂在白墙上。与范西和胡庆泰的作品呼应的是韩馨逸邀请的艺术家劳家辉的大型黑白平面作品《鱼群 1》（Shoal 1），以及李泊岩邀请的艺术家耶苏的由三十件小型立体作品组成的《笋石》（Stalagmites）。在黑色小展厅中，孙存明提交了一件与睡眠有关的视频作品《无题（梦想成真）》[Untitled（Dream Real）]。在黑色大展厅中展出的是韩馨逸邀请的艺术家毛韬的由水、光和声音设备组成的大型装置

---

1 “抵抗的涌现”，策展人：富源、缪子衿、魏颖、姚梦溪，艺术总监：唐昕，艺术家：林甲悦、沈莘、杨露子、胡伟、谭天、赵天汲、刘国强、任日、吴鼎、史镇豪、唐潮、郑源，2016 年 12 月 30 日—2017 年 3 月 4 日，泰康空间，北京

作品《整理月亮》（Finishing the Moon），这件作品营造的日落情境与整个展览的主题非常吻合。与这件作品一起展出的是韩馨逸邀请的艺术家李亭葳的视频作品《白鲸，海浪》（Moby-Dick, Waves）和李泊岩邀请的艺术家高宇的霓虹灯装置作品《美丽新词汇》（Brave New Word）。李贝壳告诉我，如果独自面对“日落将至”这个主题，她可能会做一个与睡眠有关的展览。这样看来，孙存明和他的作品就比较符合自己对展览主题的想象。但是正是这次展览让李贝壳对策展人和艺术家的合作有了一种新的理解和认识。比如蒋竹韵和他的作品。蒋竹韵在其2016年的个展“风中絮语”[1]中通过《消失中的答案》《隔壁老马》和《絮语》三件作品将黑匣子、一匹真实的马和二十多起飞机失事事件中的黑匣子录音联系起来，组成一种关于“马航事件”的隐喻。李贝壳希望艺术家按照这个思路提交一件隐藏在很小的空间里、起起伏伏、有点儿睡眠感觉的声音装置作品。但是在反复讨论之后，蒋竹韵依然坚持根据空间创作一件新的作品，就是把展厅中全部的插座连接起来让展厅断电。但是由于实现起来会影响其他作品的呈现，最后完成的作品没有那么复杂，艺术家将展厅内相邻的两个插座并联起来，创作了作品《并联》（Parallel Connection）。这件事让李贝壳意识到策展没有命题作文那么简单，策展人和艺术家之间也不是“画家”和“颜料”的关系。

新展：“冥想电台”（MEDITATION STATION）

2019年6月的最后一天，李贝壳在户尔空间策划的新展“冥想电台”开幕。这个展览延续了策展人在“声音—浸入—环境”和“无法兑现”两个展览中对声音、档案、记忆、信息的关注。通过导览李贝壳告诉我，

1 “风中絮语：蒋竹韵”，艺术家：蒋竹韵，2016年12月24日—2017年1月21日，拾萬空间，北京

展览最初的想法来自1995年大友克洋导演、监制的动画电影《回忆三部曲》（Memories）中的第一个故事《她的回忆》（Magnetic Rose）。一艘回收太空垃圾的飞船在返航途中接收到一段包含歌剧《蝴蝶夫人》声音的求救信号，宇航员因此进入一个由已经死去的女歌唱家的回忆控制的世界，在这里她以计算机模拟她的回忆的方式继续“活着”。在从《索拉里斯星》（Solaris）到《爱，死亡和机器人》（Love, Death & Robots）的科幻文学影视中，声音往往是引导我们进入未知和记忆的入口。展览试图通过第三人称“她”的视角引导观众进入一个陌生人的记忆空间，策展人邀请了五位声音艺术家将他们的六件作品摆放在户尔空间的两层展厅，共同组成一个多少有点儿“反视觉”的“听觉”空间。

在一层入口处，蒋竹韵受日本禅宗书法大师的启发，在一个小小的示波器中将声音信号转化为《孤掌之鸣》的活动影像，引导观众进入听觉空间。虞菁的一件作品是《空间×间空^8》（Space×Ecaps^8），艺术家将收集来的各种冲激响应进行八次卷积运算，放在一个狭长的白盒子中，观众对着麦克风说话的声音也成为作品的一部分。另一件作品是《海上航行》（Navigating at Sea），提示观众在听到白盒子发出的声音之后，通过两个小孔窥视其中的声音装置。安德鲁·桑德兰的作品曾出现在六年前的展览“声音—浸入—环境”中，这一次他把那段三分钟的非法rave派对声音拉长到二十一小时，通过服装设计中体现休闲和速度的高度合成面料包裹的耳机传输给观众，作品的名字是《在慢派对上……用缓慢的方式跳舞》（At the Slow Party Copies Sync Towards Zero/Redux）。二层的一件作品是江上越（Egami Etsu）的《这不是误听游戏》（This is not a Mis-hearing game），由一个播放误听游戏的小视频（有声音）和一个播放世界纷争的大视频（无声音）组成，向观众讲述语言在不同文化环境中产生的误听和曲解。另一件作品是夏洛特·皮尔妮（Charlotte Piene）的《当你穿过我的声音》（When You Across My

Sound），悬挂在空中的木盒子被分成两个等大的空间，如果两位观众同时置身其中、戴上耳机就可以听到一男一女两个声音在同时朗读一个关于声音和空间的文本并因此产生一种奇妙的相遇。在展览期间虞菁、李贝壳、孙天艺、周姜杉、朱荧荧五位艺术家、策展人、写作者进行了一场以“观察者语”为题的讨论活动。

国外关于声音艺术的重要展览有美国纽约2013年现代艺术博物馆的“声音：一个当代总谱”（SOUNDINGS: A CONTEMPORARY SCORE）和2008年新当代艺术博物馆的“非纪念碑：21世纪之物”（UNMONUMENTAL: THE OBJECT IN THE 21ST CENTURY）中的声音艺术单元，然而国内这样的展览其实并不多见。在“冥想电台”中，李贝壳将声音和记忆联系起来，通过一种非常克制、安静、内敛的方式引导观众进入一个不一样的体验世界。

主要策展项目

2014

【群展】“2014大声展”建筑、产品、城市单元，策展人：张永和，艺术家：非常建筑、非常建筑×同济大学、柏庭卫、克里斯托弗 · 托鲁 · 吉尼翁（Christopher Tohru Guignon）、大舍、东南大学建筑学院葛明团队、冯菲菲、URBANUS（都市实践）、顾大庆、MIT（麻省理工学院）、李涵&胡妍、王子耕、王欣、张东升、朱竞翔，2014年9月5日—2014年9月17日，三里屯橙色大厅，北京

2015

【群展】“女性的力量”，策展团队：汤娅 · 韦克勒斯（Tonya Wechsler）、露辛达 · 库斯丁（Lucinda Cusdin）、李贝壳、刘语卉，2015 年 4 月 27 日—2015 年 5 月 10 日，莱塔比橱窗画廊（Lethaby Window Gallery），伦敦

【群展】“复兴的文化”，策展团队：艾略特 · 伯恩斯（Elliott Burns）、皮塔 · 阿雷奥拉（Pita Arreola）、李贝壳、杰克 · 查尔斯 · 里斯（Jake Charles Rees）、露易丝 · 拉格 · 托夫特（Louise Laage Toft）、汤娅 · 韦克勒斯、熊雨丝、张裴林，2015 年 3 月 24 日—2015 年 3 月 27 日，井画廊（The Well Gallery），伦敦

【群展】“声音—浸入—环境”，策展团队：露辛达 · 库斯丁、李贝壳、刘琳（Lynn Liu）、詹妮弗 · 麦克拉克伦（Jennifer MacLachlan）、汤娅 · 韦克勒斯、熊雨丝，艺术家：安德鲁 · 桑德兰，2015 年 11 月 24 日—2015 年 11 月 27 日，David Roberts Arts Foundation，伦敦

2017

【群展】“无法兑现”，学术主持：高远，策展人：李贝壳，展览统筹：齐亚菲，艺术家：安德鲁 · 阿莫尼姆、夏洛特 · 皮尔妮、邓岩、乔治 · 奥斯卡（Georg Óskar）、柯比 · 内尔、克里斯汀 · 斯凯尔斯泰德（Kristian Skylstad）、梁半、齐亚菲、特雷斯 · 朗戈瓦（Terese Longva）、叶凌瀚，2017 年 3 月 5 日—2017 年 4 月 5 日，I: project space，北京

【群展】“置景俱乐部”，策展人：李贝壳，监制：田恺，展览负责：赵梦远，展览协助：崔振，公共推广：王晶，艺术家：陈维、陈晓峰、范西、李昶、蒋志、柯比 · 内尔、齐亚菲、张文心，2017 年 10 月 28 日—2017 年 12 月 10 日，鸿坤美术馆，北京

【群展】“日落将至”，策展人：韩馨逸、李贝壳、李泊岩，艺术总监：唐昕，艺术家：范西、高宇、胡庆泰、蒋竹韵、劳家辉、李亭葳、毛韬、孙存明、耶苏，2017年12月30日—2018年2月10日，泰康空间，北京

2019

【群展】“冥想电台”，策展人：李贝壳，艺术家：安德鲁·桑德兰、江上越、蒋竹韵、虞菁、夏洛特·皮尔妮，2019 年 6 月 29 日—2019 年 8 月 11 日，户尔空间，北京

富　源

消失的政治

天气状况	多云 / 多云
气　　温	16℃ /2℃
风力风向	北风 1~2 级 / 北风 1~2 级
采访时间	2019 年 3 月 4 日星期一，13:30—16:30
采访地点	墨方空间，北京市朝阳区酒仙桥路 2 号 798 艺术区 706 北 2 街

2019 年初春的一个周一下午，我们与富源约在 798 艺术区的墨方空间进行采访。她策划的一个有关艺术家和艺术工作者档案的群展“即逝存档”正在这里展出，与此地相距不足两百米的魔金石空间同时在展出她策划的另一个艺术家个展“东，南，西，北：铁木尔 · 斯琴”，再有五天、七天，两个展览即将相继结束。经过商量，我们的采访从“即逝存档”开始。

消失的政治（The Politics of Disappearance）

两年前，富源已经有了一个通过主题不定期集结艺术家写作的想法，通过图绘（mapping）的方式把他们聚集到一个亦隐亦显、忽明忽暗的社区之中。她邀请了两位策展人朋友缪子矜和李博文一起以“curatorial”（策展的）的方式参与编辑工作，艺术家写作的杂志《COMMONPLACE》（平凡）由此诞生。第一期的主题是“DISAPPEARANCE”，翻译过来就是“消失”或“失踪”的意思。富源对“消失的政治”这个问题很感兴趣，她认为消失是一个辩证的时刻（dialectical moment），事物的消失一旦被察觉，也正是其显现的开始，“主体性”的显现其实是在消失的过程中产生的。《COMMONPLACE》第一期包含了十位艺术家撰写的文章，现在看来，这些艺术家的写作探讨的更多的是欲望的消失和显现，书中还包含了三位编辑的类编辑语，这些类编辑语其实更像是贯穿全书的情绪标点。在她看来，艺术家的写作不仅是对其作品内容的一种补充，而且也是展现其思考的一种平行维度。在其中，我们可以看到更多个人的东西。像艺术家程欣怡的绘画和黄炳的动画影像，背后都有很多个人喜欢的驱动力和情绪的着力点。富源希望通过写作的形式把这些东西展现出来。做一本小书也是一种很好的策展方法，不是所有的展览都需要一个白盒子空间，对书的阅读具有一种很特定的节奏感和时间性。当然，《COMMONPLACE》最后的效果很好，在纽约的非营利机构 Printed Matter（印刷品）作了发布会，也在欧洲、美国的艺术书店销售。自此“消失”的概念逐渐成为富源策展思考的一条线索。

2018年秋天，富源参加了Para Site（寄生虫艺术空间）的策展人工作坊。在香港的十天中，工作坊始终在以非常强烈的方式讲述一种地方性的政治诉求，后殖民也好、地方身份也好，这些问题杂糅着每天从上环通勤到北角嘈杂多变的城市景象，都会让人想起阿克巴·阿巴斯（Ackbar Abbas）的著作《香港：文化与消失的政治》（Hong Kong: Culture and the Politics of Disappearance）中提出的诸多议题：香港作为一个消失的空间，香港的身份困惑甚至绝望尝试，香港电影中那些狭窄的街道和急促的空间中表达的个人与集体的欲望，等等。后来，富源还参加了另一个策展工作坊，是苏伟和于渺在中间美术馆召集的“展览作为展览”（Exhibition as Exhibition）项目中的一个活动“临时集体”（Liquid Collective）。意大利策展人马可·斯科蒂尼（Marco Scotini）与十位活跃在北京的年轻策展人分享了他在策展中对文献的利用和重新书写，马可是首届“安仁双年展：今日之往昔”（ANREN BIENNALE: TODAY'S YESTERDAY）和第二届“银川双年展：从沙漠出发—边界上的生态学”（YINCHUAN BIENNALE: STARTING FROM THE DESERT-ECOLOGIES ON THE EDGE）的策展人，他本身对表演和表演性很感兴趣，也会借鉴布莱希特的戏剧实践以及生态学中的女权主义影响。富源结合Salt Projects的系列项目做了一个关于“Situated Knowledge”（具体的、情境的知识）的发言，她发现了自己与马可在方法和认知层面的共鸣。富源所说的“situated knowledge”来自唐娜·哈拉维（Donna Haraway）在1985年发表的《赛博格宣言：科学、技术与20世纪末的社会主义女性主义》（A Cyborg Manifesto: Science, Technology, and Socialist-Feminisim in the Late 20th Century）中提出的赛博格女性主义理论。哈拉维从女性主义生物学家的立场出发，强调通过身体和情感在各个学科中进行一种解构性的改变。2000年左右，以布莱恩·马苏米（Brian Massumi）为代表的“情动转向”（affective turn）理论同样强调个体如何通过身体、情感、欲望重新构建主体性、激发创造力的问题。遵循这些事件和理论的指引，她很快开始筹划“即逝存档”（DISAPPEARING ARCHIVES）这个展览。在这个展览中，她邀请了十六位艺术家、策展人、写作者以文献的形式创作作品，为个人档案、地理轮廓、历史想象以及理论命题提供展示平台，也强调重新思考和进一步复杂化消失的概念。消失，往往被理解为物种和资源的消耗、历史的侵蚀、被控的身体甚至是谋杀的行径，然而在此，消失，也激发出我们不断重新观看世界的欲望。

“表演”与“表演的”

富源大学读的是新闻系，专业侧重文学、文化研究和媒介研究，大学期间在《Artforum》（艺术论坛）做实习编辑，之后前往纽约攻读艺术评论与写作的硕士研究生。除写作之外，实验戏剧曾经是富源实践的一个方向。在纽约读书期间接触的大量理论资源和现场经验，让她的研究兴趣逐渐转向对权力问题、身份政治、具身策略等的思考，在她看来，这是一个从关注 performance（表演）到关注 performative（表演的、操演的）的转变。2015 年富源回国，在一个艺术基金会工作了一年之后，开始想做一件自己真正有兴趣的事——做一个表演空间，参照系是纽约的 The Kitchen（厨房），内容涉及现场、脱口秀、诗歌朗诵等多种艺术样式。她想做的不仅是一个当代艺术空间，而且是一个文化场所。就在那时，富源与在《Artforum》工作的韩馨逸、在应空间做策展人的毕昕、在 UCCA（尤伦斯当代艺术中心）做编辑和策划的杨紫认识并组成了“公园小组”，希望可以一起做点儿什么。四个人本来想在花家地的地瓜社区找一个地方做一个地下室空间，但后来因北京对地下室施加管控而没有结果。富源笑称，自己那段时间刚刚回国，每天的生活状态和思维方式都特别飘，经常被人说还没有“接地气”。朋友中韩馨逸对自己的容忍程度比较大，两人关心的问题也比较相似，因此她们成了 Salt Projects 的最初发起人。富源通过 58 同城找到了一个十七平方米的地方——郎家胡同 4 号。2015 年 11 月开始装修，2016 年 3 月 Salt Projects 就正式开门了。

Salt Projects 最初的想法是做表演，但是合适的艺术家很难找，尤其是语言和表演能力都很强的艺术家。在中国实践的青年艺术家作品有的时候维度会单一一些；或者有些艺术家的作品过于完整，缺乏一种制造有带入感的现场能力，因为不得不承认的是，我们的文化基因本身是比较含蓄的。作为一个研究性策划工作室、小空间，富源和韩馨逸希望 Salt Projects 具备一种非常鲜明的个性，她们首先邀请了在纽约运营独立项目空间 Practice（实践）的 Cici Wu（武雨濛）、王绪、何京闻三位艺术家。Practice 是中国城一个楼顶三室一厅的公寓，是三位艺术家的工作室，同时也为短期到访或路过纽约的艺术家朋友提供住宿、举办展览，有点儿像一个邀请驻留的项目空间。富源告诉我，他们三个人在坚尼街 47 号画廊（47 Canal）的展览曾上过《纽约时报》周末版头条，真的算是年轻华人艺术家的骄傲。Salt Projects 的第一个项目是“书架”（Curated Bookshelf）。Cici 是做雕塑的，她提供的方案是由两个装水的塑料袋和一个蓝色的杯子组成的雕塑，其结构来自胡里奥·科塔萨尔（Julio Cortázar）那本著名的小说《跳房子》（Rayuela）。王绪的作品是一本叫作《小思想》的书，他和妈妈通过你写一段我写一段的方式标记阅读这本书，是一种两人相互交流的方法。何京闻的作品由灯泡和一组老旧的诗集组成。他们三个人的作品摆在一起形成一组装置。富源感觉这样的东西比体量巨大的作品更强大、更能够回答艺术是什么的问题。第二天，Salt Projects 就组织了第二个项目“艺术写作工作坊”，邀请了艺术家刘辛夷和杨圆圆以及学者程小牧讨论艺术写作的问题，三位的角度都不一样，这次讨论也为《COMMONPLACE》提供了一些线索。之后，Salt Projects 就开始找各种各样做表演的艺术家，例如开始的一个现场项目叫“运动场”（Playground），是李海光和张云峰，一个高大、一个瘦小的两位男性艺术家以身体为线索持续了两年的行为实践。大概经过一年没有完整计划、追求越多越好的实验，Salt Projects 开始逐渐被人知道和跟踪。在第一年年底的群展“咸湿的梦”（Wet Dreams）中，来自十六位艺术家的作品被两位策展人堆在一个小小的空间中，没有精致的展陈设计，有点儿稀里哗啦的感觉。谢南星老师和一些年轻艺术家都很惊讶，觉得这个展览太放松了。富源笑称，她当时就是不想做得精致，精致的展览太多了，也许对 Salt Projects 这样的实验空间而言，混乱的展览（messy exhibition）更有意思。

危险、欲望与方言

“咸湿的梦”是一个关于欲望的展览。说起 Salt 这个名字，富源告诉我，“盐”这个词在 17 世纪欧洲的隐喻是女性的欲望，这与她和韩馨逸共同关注的问题非常契合。第一年频繁的现场表演之后，富源和韩馨逸发现能找到的和能邀请的艺术家已经不多了，因此第二年 Salt Projects 就开始邀请艺术家通过表演讲座的方法组织项目，同时确定了一个相对稳定的主题“危险、欲望与方言”，Danger、Desire 和 Dialect 三个字母 D 打头的关键词。“欲望”当然还是她们最关注的问题；“危险”的意思是 2016 年底大家在上海双年展期间得知川普当选美国总统的消息，以及全世界发生了很多不可思议的变化，危险似乎无处不在；“方言”的意思是艺术家如何去回应这些变化的个人路径。“表演讲座”其实并不是一个很新的概念，从未来主义开始就已经有了，不过在当时的北京并没有多少人做这样的尝试。Salt Projects 决定以委任的方法来做，这样富源和韩馨逸两位策展人就有更多介入的可能。之后就有了沈莘、马海蛟等人的表演讲座。表演讲座在逐渐受到关注的同时也被认为没有“表演”，但是富源认为，类似沈莘的项目其实不需要任何的道具，因为语言本身就是一种表演，她的表演是修辞性的。未来主义艺术家最厉害的地方就在于他们那种煽动的能力和演讲行为的表演性和操演性，Salt Projects 希望强调的是这个东西，而不是大家通常认为的那种舞台表演。在富源看来，把这样一种表演的概念介绍给大家其实是件很好的事，因为自她们的项目之后很多人都像撒花儿一样地开始使用这种方法。这里所说的“操演”（performativity）概念来自朱迪斯·巴特勒（Judith Butler），指的是一种关于社会身份的自我塑造。同时在这个过程中，富源开始越来越多地思考“在地性”的问题。像沈莘那样有海外留学背景的艺术家，很容易理解表演讲座的概念和方法，她的观众也很容易和她产生互动。除此之外，郭娟、李然、郝敬班那一次表演讲座“不速之客”（Uninvited Guest）也很有意思，他们讲自己在西方参加各种国际双年展时遇到的一种认同障碍，虽然使用的是通过电子邮件写信的方式，但是他们在日常生活中真的会那样写信吗？其实，从他们的表演讲座中，我们能察觉出艺术家在处理形式和材料时那种非常细微的东西。

2017 年，Salt Projects 做了很多表演讲座，也根据这些项目做了相关的出版物。第一年的时候，大家感觉 Salt Projects 似乎就是两个小朋友在玩儿，到了第二年，大家发现她们做得越来越认真，甚至已经开始期待她们会继续做些什么了。富源和韩馨逸决定，在坚持表演讲座传统的基础上再做一些年轻艺术家的展览。基于对过去几年绘画开始越来越多地被重新探讨的考虑，2017 年底至 2018 年初，Salt Projects 连续做了常羽辰、黄彦彦、李姝睿的三个个展，她们正好代表了年轻艺术家绘画实践中三种完全不同的风格。2018 年，Salt Projects 还做了覃小诗的表演、王芮的数码绘画、彭可的摄影、龚柯维的纤维装置以及由何京闻创办的 BHKM（雨田事务所）的装置等一系列个展。一口气做了八个个展，富源感觉有点儿疲惫。

两个群展和一个个展

“气旋栖息者”是富源回国之后和韩馨逸联合策划的第一个展览。但其实她当时还没有想好要不要做一个策展人，她想做表演或者写作实践，做一个艺术家。2015 年前后，国内似乎特别需要年轻策展人，与年轻艺术家群体相比，年轻策展人群体似乎开始受到更多的关注。那一年年初，韩馨逸邀请富源一起在应空间做一个群展。关于“气旋栖息者”的主题，富源引用了自杀身亡的女诗人西尔维娅 · 普拉斯（Sylvia Plath）的小说《钟形瓶》（The Bell Jar）中的一句话“我感到异常的宁静与空阔，如空卷风眼，在周遭的喧嚣之中，步履蹒跚地前行。”意思是风暴的最中心其实是非常安静的，但是身处其中身边所有的东西都在旋转。她感觉来自英文：“Perched in the eye of a tornado”的“气旋栖息者”这个意象很美，和自己刚刚回国的感受很一致。富源认为策划这个展览是一个应激反应，这和其他具备策展背景或者一直在学策展的人策划的展览不太一样。策展对她来说可能更多的是从文学出发，艺术对她而言更多的是关于图像和想象的东西。她感觉“气旋栖息者”的策展概念其实还是非常传统的，即从一个象征性的图像开始，然后去找艺术家，去找他们作品之间的关系。富源希望展览能够成为一个情感、欲望和记忆的容器，就像“即逝存档”一样，作品来自艺术家在不经意之间就会遗忘的边角料，但是细节往往非常动人。

2017 年，富源曾受广州美术学院胡斌老师之邀，在何香凝美术馆一起策划一个关于新媒体的展览“时间的狂喜：重塑认知的媒介”（THE ECSTASY OF TIME: REFRAMING THE MEDIUM OF KNOWING）。无论从预算上还是体量上来说，这都是迄今为止富源做过的最大的一个展览。她踌躇满志地借鉴了1985年利奥塔（Jean-Francois Lyotard）在蓬皮杜中心做“非物质”（LES IMMATÉRIAUX）时使用多种媒介的方法，以策展人高度介入的方式与胡斌老师联合策划了这个展览。在“时间的狂喜：重塑认知的媒介”中，除十一位（组）年轻艺术家的作品之外，还有三个红色场景连在一起，是一组策展人委任的表演装置作品，由霓虹灯、镜面雕塑、一首诗、一组声音作品和现场舞蹈组成。当然，“时间的狂喜：重塑认知的媒介”整体上针对的是一个大问题，也是一个古老的问题，讨论的是艺术与技术之间的关系。富源在为展览所写的《时间的狂喜：我们此刻的艺术》中提到了许煜（Yuk Hui）的文章《追忆与再定位：关于物质和时间》，她关心的其实不是新媒介本身，而是媒介如何塑造了我们的认知以及我们记忆的抵抗能力和形式，用她的话说就是一些很基本的关于主体性的问题。因此，一方面她竭尽全力试图在这个展览中讨论很多问题、搭建很多场景，甚至找了特别专业的建筑师帮助自己布置展览；另一方面她也发现虽然作品的呈现已经非常完整，但是如果不是天天导览、进行强有力的推介，观众得到的信息依然很少。做完这个展览，富源有些沮丧。她感觉与“时间的狂喜：重塑认知的媒介”这样的“大展览”相比，观众似乎更愿意花点儿时间去看“即逝存档”这样的“小展览”。

聊过第一个群展和最大一个群展之后，我们聊起了个展。在做过的个展中，2017年蒋志老师的个展“范沧桑”（TO MAKE WITH CHANGES）令富源至今记忆犹新。她说在2016年底至2017年初“泰康新生代策展人”项目“抵抗的涌现”那样关于一个策展人的展览之后，就有一些画廊开始找她这样的年轻策展人做展览。富源觉得自己非常幸运可以跟蒋志老师这样的艺术家合作。她认为他作品的最美之处就在图像本身，他在通过制造图像反图像，通过暴力呈现一种假而美的东西。富源告诉我，“范沧桑”其实是艺术家的老师的名字，在做这个展览时艺术家的老师去世了，艺术家就以这个展览来致敬自己的老师。在做“范沧桑”这个展览的过程中，富源和蒋志老师讨论了很多关于“图像”的概念问题。蒋志老师认为，图像技术虽然一直在革新，但是图像本身其实就是101010的组合排列，这一点没有任何变化，无论是现在计算机的方法还是过去摄影术的方法。他前前后后的作品和展览一直在延续他关于图像制作、权力机制以及观看方式的思考。富源认为关于“IMAGE”（图像）的意义有很多种说法，但她喜欢这样一种说法，即“IMAGE”就是“I”（我）和“MAGE”（麦琪）的组合，有一种“我送给你礼物”或者“天赐神启之物”的意思。对富源而言，“范沧桑”是一个画廊展，策展人在其中起到的作用非常有限，反而是艺术家和策展人之间的讨论更有意思。说起个展策展与群展策展的不同之处，富源认为自己在做个展时，做得更多的是一个辅助性、服务性的工作，就是如何把艺术家的想法“翻译”得更清晰一点儿，使得观众更容易接近一点儿。个展当然需要突出艺术家，但是从策展人的角度说，如果能与像蒋志老师这样的好艺术家合作也会是一件特别开心的事。与蒋志、刘野夫、铁木尔·斯琴（Timur Si-Qin）这些艺术家的画廊个展不同，富源告诉我，她和韩馨逸在Salt Projects的一系列个展中就介入很多，而且是从开始讨论方案就介入其中，因为那是她们自己的空间。

再相逢

就在我们采访富源之前不久，Salt Projects由于种种原因退订了郎家胡同4号的研究性空间。富源在朋友圈中写下这样一段话：

这三年从最初希望可以做成关于performance的空间到后来转为更

performative 的实践，不仅仅是从一个 MFA 毕业生到本土实践者的转换，也是一个对世界态度的转换。非常感谢所有对我们充满耐心和帮助的艺术家、良师益友，以及一直与我为伴的伙伴和好友馨逸。退订项目空间的主要原因来自于去年北京胡同空间的改造，后者对无论是独立艺术空间还是城市中心生活的丰富创造都造成了毁灭性的创伤，也迫使我们不得不重新采取更为灵机的方式去应对，却也是为重新塑造 Salt——一个策展工作室 / 独立空间 / 艺术社区——提供了契机！也希望自此归零，以更踏实、开放的态度去认知和参与我们时而暗淡却不失温存的社区，期待很快再相逢。

主要策展项目

2015

【群展】"气旋栖息者"，策展人：韩馨逸、富源，艺术家：布雷特·斯文森、李然、李亭葳、林科、麻剑锋、娜布其、陶辉，2015 年 3 月 8 日—2015 年 4 月 12 日，应空间，北京

2016

【群展】"抵抗的涌现"，策展人：富源、缪子衿、魏颖、姚梦溪，艺术总监：唐昕，艺术家：林甲悦、沈莘、杨露子、胡伟、谭天、赵天汲、刘国强、任日、吴鼎、史镇豪、唐潮、郑源，2016 年 12 月 30 日—2017 年 3 月 4 日，泰康空间，北京

2017

【群展】"自我批评：适当的教导"，召集人：卢迎华、罗小茗、苏伟，策展回应人：Salt Projects，2017 年 5 月 27 日—2017 年 9 月 17 日，中间美术馆，北京

【个展】"范沧桑：蒋志"，策展人：富源，艺术家：蒋志，2017 年 6 月 17 日—2017 年 8 月 26 日，HDM 画廊，北京

【群展】"风景"，策展人：Salt Projects，艺术家：季俊、陈卓、刘张铂泷、吴思嵚、钟嘉玲、郑平平，2017 年 10 月 15 日—2017 年 11 月 24 日，拾萬空间，北京

【群展】"时间的狂喜：重塑认知的媒介"，展览总监：乐正维，策展人：胡斌、富源，艺术家：aaajiao（徐文恺）、陈轴、方迪、郭城、林科、刘佳玉、刘野夫、郝经芳&王令杰、张文心、郑源、周岩，表演艺术家：陈庆东、艾玛·金·哈格达布（Emma Kim Hagdahi）、虞菁、许文聪，展览统筹：樊宁，项目负责：骆思颖，展务负责：余湘智，2017年10月28日—2018年3月31日，何香凝美术馆，深圳

2018

【个展】"没有简单的象征：刘野夫"，策展人：富源，艺术家：刘野夫，2018 年 5 月 15 日—2018 年 6 月 20 日，魔金石空间，北京

【群展】"众神失语的日子"，策展人：富源，艺术家：陈泳因、陈沁昕、方琛宇、叶慧，2018 年 8 月 2 日—2018 年 9 月 23 日，都爹利会馆（DUDDELL'S），香港

【群展】"东，南，西，北：铁木尔·斯琴"，策展人：富源，艺术家：铁木尔·斯琴，2018 年 11 月 23 日—2019 年 3 月 9 日，魔金石空间，北京

2019

【群展】“即逝存档”，策展人：富源，艺术家：常羽辰、韩馨逸、李佳、刘畑、马海蛟、蒲英玮、童文敏、童义欣、王思顺、吴建儒、姚梦溪、姚清妹、叶慧、于渺、张涵露、赵谦，2019 年 1 月 19 日—2019 年 3 月 11 日，墨方空间，北京

韩馨逸

怀旧

天气状况	晴 / 晴
气　　温	16℃ /2℃
风力风向	西北风 4~5 级 / 西北风 4~5 级
采访时间	2019 年 3 月 11 日星期一，14:00—17:00
采访地点	今后也请，北京市朝阳区望京东园 7 区 1-1 美瑞泰富大厦售楼处底商旁

2019 年采访富源之后的又一个周一下午，我们与韩馨逸约在望京那家安静的日本料理店三层进行采访。韩馨逸现在在 UCCA 工作，她发现自己身边的独立策展人都有一种进入机构的趋势，大家似乎已经离策展这件事越来越远。尽管如此，她在上海策划的一个群展“挽歌：有关怀旧的五种欲望机制”还有十一天就要开幕。我们的采访从这个展览开始。

怀旧

“挽歌：有关怀旧的五种欲望机制”（ELEGY: FIVE DESIRE MECHANISMS OF NOSTALGIA）是韩馨逸两年前就想做的一个展览项目。当时她在看哈佛大学女教授斯维特兰娜·博伊姆（Svetlana Boym）写的一本书《怀旧的未来》（Future of Nostalgia）。斯维特兰娜·博伊姆是一位从苏联流亡到美国的知识分子，她感觉苏联作为一个曾经非常激进的社会主义国家，在文化复兴的过程中已经被世界抛弃，呈现出一种非常强烈的末日感，就像五百年后人类从太空返回地球时发现这个国家已经成为停滞在历史现场的一片废墟，但这片废墟之中又存在很多可以进行文化采样的样片。斯维特兰娜·博伊姆在书中提到了圣彼得堡和柏林，这些曾经接受了各种流散文化的大城市及其过去兴旺现在没落的酒吧，还提到了现在非常有名的艺术家伊利亚·卡巴科夫（Ilya Kabakov），他的创作因模糊了过去和未来之间的界限而呈现一种强烈的废墟感。看完这本书之后，韩馨逸开始对“怀旧”这个命题产生了兴趣。几乎同时，黄静远发起了一个叫作“写母亲”的写作项目[1]，在参与这个项目的写作过程中，韩馨逸发现追溯童年的回忆，追溯那些模糊的历史，尤其是父母辈和爷爷奶奶辈的记忆其实挺有意思。个人回忆、记忆的口述与历史

---

1 “写母亲”是 2017 年 7 月由艺术家黄静远发起的共同写作计划，随后与冯俊华共同组织、编辑和出版。2018 年 9 月，“写母亲”项目独立出版两季，第一季作者包括名南、黄静远、欧阳潇、文逸、江萌、陈淑瑜、王炜、宋轶，第二季作者包括柯倩婷、于单、谢女士、韩馨逸、宁立、蕊璇、言吾。

之间可能会有一个交叉的节点，也可能会有错位，但是这些具体的小事件似乎又都是发生在那样一个大历史的背景中。最近一两年，怀旧已经成为一种文化现象，无论是时尚的生活方式还是新兴的地下文化都开始呈现一种怀旧的状态，像“恋舞神曲”（DANCE WITH IT）[1]这样的展览、disco（迪斯科）风潮和新兴将近十年的vaporwave（蒸汽波）都是如此。vaporwave是一种从20世纪80年代日本的city-pop（城市波普）中采样然后重新合成的音乐。韩馨逸认为，如果把怀旧的历史和经验当作素材进行重新剪辑，就可以像vaporwave那样在无限绵延中产生各种变化。但是另一方面，这种东西也会产生一种极强的空洞感，因为听久了就会发现其中重复性的剪辑方法、一种怀旧情绪的拖拽和一种软绵绵的状态，这种感觉也挺有意思。

正是基于这些思考，韩馨逸做了“挽歌：有关怀旧的五种欲望机制”这样一个展览。五位参展艺术家通过摄影、绘画、影像、雕塑、装置、档案等媒介的艺术实践回应了策展人关于这个问题的思考。比如廖逸君的摄影记录了她在美国留学时生活的一个城市孟菲斯。细细研究这座城市的历史就会发现，这里的原住民是契卡索印第安人，在美国建立之初，这里成了南方棉花种植及奴隶买卖的重要交易市场。但如果在今天提起孟菲斯，大多数人想到的可能是诞生于此的摇滚巨星猫王、乐迷朝拜圣地以及美国最大的货运公司联邦快递。尽管从这些描述上，孟菲斯看上去货运物流极其繁忙，经济也相对繁荣，但在廖逸君的镜头下，我们却看到了这座城市破败静止的一面，仿佛像个被封存的时空断片，没有任何与未来相关的迹象。展览中，韩馨逸选取了廖逸君这组作品中几个具有人类共同记忆的场景：老房子、歌舞厅、小酒馆以及小商店。实际上，

---

1 “恋舞神曲”，策展人：苏文祥，艺术总监：唐昕，艺术家：陈维、陈曦、崔洁、郝敬班、胡向前、鞠婷、李晓斌、蒲英玮、姚清妹，展期：2018年12月13日—2019年3月2日，泰康空间，北京

这样的城市状态有些矛盾，一方面生活在这里的人可能拒绝改变，另一方面外部的世界正在飞速变化着，这让生活在这里的人成了时间的流民，他们永远回不到过去，但是又没有在真正地用力迎接未来。这种状况其实也有点儿像国外的唐人街和中国城。韩馨逸认为，虽然今天所有人都在谈自由主义语境中的个体性，但是其实每一个人都有一个集体记忆的共同成长背景，所以不约而同地都会关注同样的问题并用个体的方式去回应。这一点是她感觉目前做策展最有意思的地方。就像她会忽然之间对世界失去安全感，回到十年前、二十年前去寻找那样一个时空线索，而这一切在一年之前都不会发生。这让她非常困惑，她希望通过一个有关怀旧的展览、一个有关欲望机制的研究追问自己为什么会这样。同时她发现自己身边的一大批朋友其实都在做这种类型的创作，所有的文化风潮都在怀旧和复古。似乎每一个个体都在追问：这个世界怎么了？是什么造就了这种文化风潮？

危险、欲望与方言

“危险、欲望与方言”是“挽歌：有关怀旧的五种欲望机制”这个展览的观念来源，也是 Salt Projects 第二年表演讲座的主题词。韩馨逸与富源 2015 年底在郎家胡同 4 号找到了一个十七平方米的地方，2016 年初开始运营一个叫作 Salt Projects 的研究性小空间。Salt Projects 刚刚成立的时候，她们想找一些艺术家合作，做一个关于表演和身体的研究空间。她们发现自己理解的表演和国内大部分人不太一样，从国内学院教育体系出来的表演似乎依然停留在比较早期的行为概念上，有一个明确的时间节点，重复性地做一个动作，在动作中进行政治体制批判或者身体美学实验。这不是她们要的，她们想找一些有表演性的艺术家继续这个合作。

但是有表演性的艺术家太多太多，可能每一个艺术家的作品中都有表演性的张力，那么如何去选择？最后韩馨逸和富源确定了“危险、欲望与方言”（Danger、Desire & Dialect）这三个关键词，作为 Salt Projects 的工作重心并组织了一系列的表演讲座。关于这三个关键词，韩馨逸解释说：“方言指的是个体发出的声音和观看世界的方法；危险指的是所有艺术家都在做的事情——边界测试（老一辈艺术家可能更加明显，他们常常进行政治体制批判或者使用福柯的方法寻找日常生活中的规训）；欲望其实是最根本的，无论是做策展还是做现场表演或者表演讲座，都是基于一种对周围事物和文化现象来自原始本能的回应冲动。欲望非常感性，无法通过理论框架解释清楚，它接近直觉，不过又和直觉不一样，是策展人、艺术家、写作者的任何一种创作类型最原初的驱动机制。”“危险、欲望与方言”是 Salt Projects 的方向和风格，也是韩馨逸和富源的一个策展命题。两位策展人发现，艺术家的作品似乎都在对应这三个关键词，那么如何去言说和叙述它们之间的关系就变成一个很有意思的工作。在经历了现场表演和表演讲座两个阶段之后，韩馨逸和富源都觉得一个空间如果只做 time-based（时基性）项目，其方法就很像做一本杂志，每期一个专题，在对这个专题进行一个框架性的了解之后工作就结束了，无法深入专题的肌理之中并转化成自己的内容。重复和消耗不是她们希望看到的，所以从第三个阶段开始，她们希望做一些能够在空间中制造一个“欲望”场域的展览，一些使得观众可以从中感受、体会的非常开放的项目。

韩馨逸告诉我，在很多前辈和同辈眼中，Salt Projects 就是一个小圈子自我成长和学习的空间。但是她认为 Salt Projects 不是如此，虽然这个研究型小空间生产内容的方法有点儿感性，有点儿像人类学采样，但是她们其实一直在回答她们这一代人到底在想什么的问题。一方面对政治体制批判的厌恶和抵抗并不意味着这一代人真的变成了犬儒主义，另一方面所谓的借用国外工具重编国内材料的创作方法也不意味着这一代人真的脱离了个体经验的支撑。对韩馨逸而言，当代最重要的意义就是允许断片、潦草、肤浅、混乱的东西出现。有时候一个感性的现场可能会比说教性、历史回顾性、居高临下性的艺术展览带给我们的东西更多；有时候一个艺术家艺术实践的动人之处不在于他的理论框架有多完整、他对这个世界反思的模型有多滴水不漏，而在于他那种莫名其妙、无法言说的东西。从这个意义上说，Salt Projects 是有其存在合理性的。

回应、刺穿“多格扎”

从 2018 年开始，韩馨逸觉得自己可以做一个“策展人”了。今天任何人都可以说自己是一个策展人，策展有很强的可替代性，也许一个人能写两篇文章就可以做策展，或者一个人有藏家资源、有画廊资源（这些资源先于其他，更被艺术世界需要）就可以做策展。她在思考：那么策展人的意义是什么？韩馨逸发现，最近几年新一批曾在海外留学的策展人开始回国，高强度的机构策展行政工作同样有很强的可替代性，面对这些工作，自己和他们的状态是一样的，甚至由于这些工作的消耗，自己对策展和写作的热情都不如从前。像在 2015 年和富源、毕昕、杨紫成立“公园小组”的时候，她是愿意牺牲一切，想尽办法去做策展、去做理论实践、去做一些不一样的事情的。但是从 2018 年开始，韩馨逸逐渐觉得自己可以做一个策展人了，她在自己的简历中加进了一句话：“她的策展及写作实践专注于回应及刺穿现实生活中的‘多格扎’（doxa）。”“多格扎”是罗兰·巴特从柏拉图哲学中借用的一个概念，指的是一种陈词滥调、一种虚伪共识或流行观念。韩馨逸认为自己感兴趣的、过去在做的和现在在做的都是在回应和刺穿现实生活中的这种“多格扎”状态。

在“挽歌：有关怀旧的五种欲望机制”这个展览中，韩馨逸特别强调了“欲望机制”这个概念。当然，欲望机制来自 Salt Projects，但是她越来越感觉这是一个有意思的命题。一方面我们很难说清欲望机制到底是什么，另一方面我们又可以在一些层面分析出其背后的驱动原因。韩馨逸希望以后做任何一个展览都可以从欲望机制这个角度出发，比如什么制造出了这种欲望？支撑这种欲望的背后驱动力是什么？这种欲望制造出了什么样的历史思潮和当代文化现象？因欲望而产生的历史思潮和当代文化现象如何能够通过微妙的细节被嫁接起来？对她来说，欲望机制是有无限创造力的，这是她觉得自己可以做一个策展人了的重要原因。韩馨逸向我讲述了几天之前和一位艺术家聊天的经历。那位艺术家开车带她一起行驶在高速公路上。她看着眼前的高速公路问道：这条高速公路的颜色和形态为什么被设计成这样？高速公路是一种欲望机制还是一种欲望机制的反面教材？是不是所有的东西都可以和欲望机制这个主题相通？如果我们今天讲技术哲学，明天讲田野调查的人类学，后天讲宇宙主义，再之后讲后殖民，亦步亦趋地跟着西方的理论趋势在走，可能永远无法明确自己究竟想要言说什么，这是很可怕的。想清楚了这一点，韩馨逸觉得自己可以更加从容地做一个策展人了，她开始思考如何能够把言说的能力和作品的传达结合起来，通过一种大家都能看懂（最高的要求）或者能给大家带来一种智力启示（最低的要求）的方式进行策展和写作实践。

焦虑：三个群展

与 2019 年的“挽歌：有关怀旧的五种欲望机制”一样，2018 年的“游戏的终结”（FINAL DEL JUEGO）也是一个韩馨逸回应自己焦虑点的展览。

那段时间，她发现自己没有办法集中精力去做机构策展行政工作之外的任何一件事情，甚至每天四十分钟读书、一到两个小时写作的习惯都无法坚持，因此她非常恐慌。在与艺术家朋友聊天时，她发现大家其实普遍面临这种状况，每个人随时随地在被各种乱七八糟的电视剧、娱乐节目和明星八卦捕获，而且如果没有触底事件发生，就会继续被捕获，甚至产生一种这样活着也挺好的感觉。一方面自己会深陷其中无法自拔，另一方面自己又会试图摆脱、试图逃离。这让她感觉特别难受，就像电影《黑客帝国》（The Matrix）中的主人公只有找到原始的团体，回到母体的本源，通过智性思考才能从“老大哥”的监控中摆脱、逃离出来。但是很多艺术家朋友的态度又让她感觉特别有趣，他们享受这种状况并以此作为自己采样的资源和调研的过程，他们和这些东西始终保持着一个恰当的距离，一边进入，一边反思，由此建立起一种极具创造力的工作方法。韩馨逸在想，如果把这种状况当作一种游戏，从中总结出游戏的规则，同时又可以巧妙地逃避游戏对自己的捕获，甚至创造出一个新的游戏规则，那么游戏终结者是不是也可以成为游戏创造者呢？如果把游戏当作一种获取信息的方法和一类保持一定距离的观察对象、写作素材，那么对自己的焦虑而言，这是不是一种解脱呢？这样去想，就会从中发现无限的可能。

2017年底至2018年初的“泰康新生代策展人”项目第二次年度报告展览“日落将至”由韩馨逸、李贝壳、李泊岩三位策展人联合策划。在韩馨逸看来，这也是一个回应自己焦虑点的展览。2017年10月26日，沙特阿拉伯授予香港汉森机器人公司生产的机器人索菲亚公民身份。作为历史上首个获得公民身份的机器人，索菲亚在一次采访聊天中被设计者大卫 · 汉森（David Hanson）问到是否会毁灭人类时，她的答案是肯定的。这件事让韩馨逸有点儿崩溃。索菲亚的思想和身体都是处于被掌控的状态，没有任何自主的权利，像小白鼠一样可能很快就被新一代机器人淘汰，怎么能说是公民呢？韩馨逸因此特别同情索菲亚。但是另一方面，人工智能这个现在的弱者未来的强者又可能因觉醒而毁灭人类，就像美剧《西部世界》（WESTWORLD）中的故事一样。同时，在那一次因出租公寓发生大火而引起的为期四十天的安全整治之后，韩馨逸的艺术家朋友再一次因寻找新的工作室而辗转，这件事也让她有点儿崩溃。对人类未来和现实生活困境的思考是韩馨逸阐释"日落将至"这个主题的出发点，她选择了三位艺术家的三件作品参加展览。在毛韬的《整理月亮》中艺术家已经去世的外婆（一位虔诚的佛教徒）生前的诵经声被转化成一种人耳听不到的声波，水面因声音频率而震动，水面的圆形光晕来自水面之上的黑色球体。如果站在艺术家提供的位置就会感觉一切都不存在了，时空中只有自己和那个黑色的球体，而前者正在被后者吸引并融入其中，一种强烈的死亡气息扑面而来。这件作品与劳家辉的绘画作品《鱼群1》——两条被戏谑地挂在天上的鱼（在《圣经》中象征人类），李亭葳的视频作品《白鲸，海浪》——一次从上海到日本的荒诞的游轮之旅（讽刺人类的大航海）形成一组对应关系，暗示一种面对未来"日落将至"的焦虑情绪。

对韩馨逸而言，每一个展览都是针对自己当时面临的困境和焦虑点的回应，2016 年的"密室"（SECRET CHAMBER）也是如此。"密室"是韩馨逸、刘辛夷、杨紫三人联合策划的一个项目，这个项目没有区分策展人和艺术家的身份，而是合作完成。该项目在当年展出之后又在两年之后受邀参加了首届"Hyundai Blue Prize"的"Creativity"奖获得者李佳的获奖展"漂流"（THE PRECARIOUSNESS）[1]。2016 年前后中央放权，北

1 "漂流"，策展人：李佳，艺术家：崔大察、方迪、韩馨逸、刘辛夷、王子耕、杨紫、余果、郑源，项目：六环比五环多一环（发起人：葛非、葛磊、满宇、李一凡）、居民（发起人：满宇、郑宏彬、刘伟伟）、新工人影像小组（发起人：宋轶、王德志、邵仁杰），2018 年 3 月 23 日—2018 年 5 月 20 日，现代汽车文化中心，北京

京周边的乡镇可以自己管理自己的土地，像黑桥村这样的艺术区开始面临困境。艺术家在这里租房作为自己的工作室，但是一夜之间接到通知，在整个黑桥村范围内停车都需要重新缴纳停车费，因此引发了艺术家和黑桥村之间的争执和冲突。艺术家自发组织起来定期开会、制定策略与黑桥村村委、当地派出所进行沟通。艺术家、外来务工人员、村民、村委四股力量各自从自己的立场出发，村民和艺术家又包括因有租房关系而积极介入的、挑完事就跑的、看热闹两边跑的几种类型，小小的村子因此变得特别复杂。韩馨逸由此想到人类革命的历史和未来，写了一篇关于密室的科幻小说，小说中的四个政治派别有四个具体的人物和身份，他们出于各种各样的目的来到密室，然后戛然而止。她想写出他们在这里相遇的原因。这篇小说成为展览“密室”的最初的策划方案。

再见就定会再次相见

就在我们采访韩馨逸之前不久，Salt Projects 由于种种原因退订了郎家胡同 4 号的研究性空间。韩馨逸在朋友圈中写下这样一段话：

三年三十三个项目九本出版物。我时常在想，替代性空间的寿命能有多长？是否临时的状态才符合替代的性质？它替代了什么？又有什么不可替代？可能 Salt 的实践就是答案。我们都在面对与经历当下种种快速变动的现实冲击，但非常幸运地，Salt 容纳下了很多种应激反应的样本，虽然记录的方式回头来看显得有些杂乱且粗糙，可它并不妨碍其间闪现出的个体经验的价值与力量。告别郎家胡同 4 号当然是一个艰难的决定，但在胡同改造计划中消失的橱窗造成的封闭状态也不是 Salt 预期的结果。三年对于一个替代性空间来说，似乎已经不算短暂，Salt 也在这几年的策展演练中，收获了更为明确的实践方向以及珍贵的友谊。我们怀念在橱窗前停留的胡同邻居，更感谢一直默默支持与鼓励我们的亲友。再见就定会再次相见。最后，用 Vivian（覃小诗）在 Salt 的一次表演中的一句歌词表达所有对未来的期待：“我向你走去，正如，你向我走来。”

主要策展项目

2015

【群展】“气旋栖息者”，策展人：韩馨逸、富源，艺术家：布雷特·斯文森、李然、李亭葳、林科、麻剑锋、娜布其、陶辉，2015年3月8日—2015年4月12日，应空间，北京

2016

【个展】“时间轴上空无一人：易连”，策展人：韩馨逸，艺术家：易连，2016 年 9 月 22 日—2016 年 11 月 20 日，望远镜空间，北京

【群展】“密室”，策展人、艺术家：韩馨逸、刘辛夷、杨紫，2016 年 10 月 8 日—2016 年 11 月 12 日，上午艺术空间，上海

2017

【群展】“自我批评：适当的教导”，召集人：卢迎华、罗小茗、苏伟，策展回应人：Salt Projects，2017 年 5 月 27 日—2017 年 9 月 17 日，中间美术馆，北京

【个展】“入位群岛：宋佳茵”，策展人：韩馨逸，艺术家：宋佳茵，2017 年 6 月 16 日—2017 年 7 月 31 日，拾萬空间，北京

【群展】“风景”，策展人：Salt Projects，艺术家：季俊、陈卓、刘张铂泷、吴思嵚、钟嘉玲、郑平平，2017 年 10 月 15 日—2017 年 11 月 24 日，拾萬空间，北京

【群展】“日落将至”，策展人：韩馨逸、李贝壳、李泊岩，艺术总监：唐昕，艺术家：范西、高宇、胡庆泰、蒋竹韵、劳家辉、李亭葳、毛韬、孙存明、耶苏，2017年12月30日—2018年2月10日，泰康空间，北京

2018

【群展】“游戏的终结”，策展人：韩馨逸，艺术家：顾颖、胡伟、黄彦彦、刘符洁、麦特·霍普（Matt Hope）、娜布其、张颖、周岩、朱荧荧，2018年7月22日—2018年9月30日，鸿坤美术馆，北京

2019

【群展】“挽歌：有关怀旧的五种欲望机制”，策展人：韩馨逸，艺术家：陈呈毓、冯山、胡伟、廖逸君、闫欣悦，2019年3月22日—2019年5月19日，亚洲艺术中心，上海

艺 婷

策展是艺术与社会发生连接的一种方式

天气状况	晴 / 晴
气　　温	19℃ /−4℃
风力风向	西南风 3~4 级 / 西南风 3~4 级
采访时间	2019 年 3 月 24 日星期日，14:00—17:00
采访地点	清华大学艺术博物馆，北京市海淀区清华园 1 号

艺婷目前在清华大学艺术博物馆从事博士后研究工作，星期日的下午虽然博物馆特别热闹，但是办公室非常安静。我们约她在她的办公室采访。艺婷策划的展览不多，但每年都有一两个，这些展览都是她关注问题的呈现。就在三天前，她还作为主持人参与了一场与女性、时尚、困境有关的论坛。在她看来，策展是艺术与社会发生连接的一种方式。

雾霾中的花园

2012 年前后，艺婷开始跨学科、转专业，读博士、做策展。此前，她有很长一段时间是在一个国家级主流媒体从事商业营销的工作，研究大众媒体的传播样式，因此在观察和研究当代艺术的时候，她始终会把艺术圈放在一个很大的社会生态系统中去看，去看艺术圈内和艺术圈外的关系，去看在艺术圈中活跃的人在整个社会中扮演的角色。这是她在策展实践中给自己提出的一个纲领式问题。

最初这个问题的切入是源于一个时间上的契机。2013 年冬天，北京开始出现特别严重的雾霾，呼吸道敏感的艺婷深受其害，每天出门都非常绝望。她想，自己每天躲在一个被加湿器和净化器制造出来的小环境里面研究特别“高级”的艺术，但是这些研究似乎和外面一点儿关系都没有，因此很有冲动想做一些事情。在与台湾艺术家范姜明道聊天的过程中，艺婷产生了做一个展览的念头。范姜明道是最早一批在中国大陆做雕塑公园的大地艺术家，性格有点儿像吉普赛人。他有一个挺有名的行为，就是签名式的项目“种草”，他在美国、中国台湾和桂林各地“种草”，象征人与自然的共生关系。也许在北京恐怖的雾霾中，大家最渴望看到的就是干净的绿色，艺婷和范姜明道决定一起在 798 东京画廊 +BTAP 做一个展览，在画廊里种草，展览的题目叫作“范姜的花园”（MINTO’S GARDEN）。艺术家当时在试验一种材料，把在生产三合板的过程中被废弃的木材挤压、抛光，制作出一种有漂亮纹理的新木料。这种比廉价三合板更廉价的材料经过艺术家的创作重生为一种精致优雅的生命样式。策展人写了一些诗句描述这些作品，并将这些作品分为四组，名为“藤萝”“椿”“容”“鸢尾”。艺婷和范姜明道将这些作品安装在墙面组成一个花园，然后在地面一个像船一样的容器中种草。自布展那一天起，展览就对外开放。在雾霾中来到现场的观众非常好奇这个画廊在做什么。艺婷告诉我，她和艺术家其实是希望以一种天真的方式做一个大人小孩都可以玩耍的地方，大家都可以参与进来，即使不购买其中的作品，也可以和这个展览、作品、策展人、艺术家发生一种现场的连接。展览开幕当天来了很多行业中的前辈，也来了很多不在行业中的朋友，那是艺婷第一次做独立策展人。展览的整个过程，从前期策划到选作品到排画册到媒体接待以及沙龙，艺婷感觉达到了自己做这样一个展览的最初目的，也受到了很多鼓励。这件事打开了她想做一个不太“艺术”的策展人的路径。

在这个展览之后的一年中，艺婷修完了攻读博士学位的全部学分，开始在欧美旅行。她认为，如果是做当代艺术研究，国内的重要展览和大师作品还是太少了，仅仅通过文字和图像的阅读了解当代艺术也是远远不够的。她花了几年的时间陆续在欧洲以及美国的纽约、洛杉矶看美术馆、看双年展、看艺博会，尽一切可能通过老师和朋友的介绍拜访策展人、学者，艺术家，与他们交流专业的工作态度和方法。通过交流艺婷发现，在他们看来自己不像他们刻板印象中的中国女性艺术工作者，没有功利气息，不像老派学者，没有政治标签。她想：“为什么已经改革开放四十年了，他们还会有这些刻板印象呢？”这个问题成为艺婷策划另一个展览的起因。

独生子女之问

欧美旅行之后，艺婷遇到了一位很有意思的艺术家沈博伦。沈博伦其实不是什么所谓的“艺术家”，他从中国传媒大学广告学专业本科毕业，之后去了一家广告公司工作，在工作中他发现这个工作和自己的预期反差很大。他自己很苦恼，却深感无力。他无法对别人说，即使说出来别人也会觉得他只是在无病呻吟，他问自己这就是自己的一生了吗？他带着自己对这个世界的问题辞职，然后在互联网上发起了一个征集大家对这个世界提问的活动。他花了一年半的时间采访了十个城市的一千位 80 后、90 后的独生子女，然后又花了一年半的时间把这些采访素材剪辑出来。在这三年中，沈博伦只能通过接一些零活儿来维持基本生活，但是仍然是一位很体面、很锐利的年轻人。艺婷遇到沈博伦的时候，感觉后者有一个对的提问状态。艺术应该强调“在地性”的问题，应该有一个与所在城市、国家、时代的关系。在沈博伦的项目中，艺婷想到了自己也在思考的问题，“中国年轻人到底发生了什么？”“我们怎么看我们自己？”“我们身边的人怎么看我们？”“整个社会怎么看我们？”。艺婷和沈博伦开始商量如何展示这一千多个案例的素材。当时，沈博伦已经开始零零星星地在一些书店和咖啡馆中，通过征集来的手机或平板电脑免费展示他的作品，但艺婷想做得更正式一些。

2016 年春天，艺婷的一位在炎黄艺术馆工作的朋友告诉她那里有一个叫作“炎黄之春”的艺术项目，非常欢迎年轻的策展人和艺术家去做展览，于是艺婷觉得时机到了。在审视素材的过程中，她和沈博伦发现了一个突出又可怕的点，就是“千人一面”。这一千位独生子女虽然来自十个城市，但是有很多特征都像是复制粘贴出来的。他们说着标准的普通话，他们的发型、容貌以及对同一个问题的表达和思考都特别一致，仿佛来自同一个标准的生产线。基于这种现象，沈博伦将庞大的素材重新剪辑，设计出隐含这个问题的呈现方法。策展人和艺术家为“问”这个展览设计了几种影像展示方式。其中一个情境是由面对面的双屏组成的影像装置，两边各有十几个人在持续轮换，看上去是在对话，实际上只是自语。他们从未谋面，但是所有的对话都可以衔接，他们的词汇、语言、口音、议题都是一样的。另一个情境是把很多屏幕放在地上，声音开到很小，每个屏幕中都有一个人在诉说，观众只有在真的关心这个人在说什么的时候才会走过去坐下来，静静聆听。还有一个情境是把五个屏幕围成一个半圆形的空间，屏幕中的五个人在平行交流，他们有时同哭、有时同笑。此外，策展人还设计了一间留言屋。针对这个展览，艺婷做了一个宣发实验：她只是在开幕那天邀请徐冰老师来看了一下展览，除此之外没有在艺术圈发布任何消息，也没有邀请艺术圈的媒体，全部内容通过当时流行的活动行和豆瓣进行邀请和宣传。最后来展览现场的观众百分之九十都和艺术圈完全没有关系，他们大部分是高中生、大学生以及工作了但很迷惘的年轻人。展览期间，艺婷每天都在现场看观众的反应、看观众的留言。她告诉我，这个展览对她和沈博伦来说都是一次释放和转折。此后她开始走出自己的青春困境，沈博伦也启动了其他议题，走入另一段人生。

身体的能量场

2016 年的世界和中国都在流行埃隆 · 马斯克（Elon Musk）和特斯拉的神话，艺婷无法不去关注这样一个有野心的人，在她看来，各行各业有野心的人集中代表了一种未来可能性的力量。前一年马斯克的英文传记《硅谷钢铁侠：埃隆 · 马斯克的冒险人生》（Elon Musk: Tesla, Space X, and the Quest for a Fantastic Future）出版，艺婷读完这本书之后就想，如果和艺术家一起读这样一本企业家的传记可能会是一件很有意思的事。她与已经有过一些合作的冷墨艺术小组的发起人李飒一拍即合。冷墨艺术小组由李飒、于洋、方志勇、黄祺、孔妍、金京华、李皓等几位毕业于中央美术学院中国画学院的年轻艺术家组成，其艺术实践注重社会批判和学术反思。艺婷和冷墨艺术小组一起制订了一个读书计划，大家定时见面，讨论每个人从马斯克传记中读到了什么。最初，艺婷其实是想讨论艺术与商业、科技的创造力相互激发的可能性，甚至找到特斯拉品牌参与其中，不过聊着聊着就聊出了一个人类未来走向的问题。大家感觉像马斯克这样的人是有可能把人类带到另外一个物种的境地的，因为所有的科技发展都是以人类摆脱自身的不足和弱点为目的，人类的存在也许就是地球的一个缺陷（bug），总有一天人类会找到一个更高级的东西取代我们自身，那时的“人类”肯定已经不是人类了，人类这个物种一定会在追求更好的过程中被自己消灭掉。

形成这个共识之后，策展人和艺术家决定秋天在 798 艺术区东京画廊 +BTAP 做一个叫作“必死无疑”（DOOMED）的展览。展览中的装置作品全部在现场制作完成，作品的大小、轻重、展示方式、空间分布根据展览现场即兴完成。在整个布展过程中，策展人和艺术家都被笼罩在一种末日情绪中。与此同时，艺婷认识了一批即兴舞者，她们没有经过所谓的专业训练，有的是演员、有的是瑜伽老师、有的是心理治疗师、有的是西方流行的人生教练（life coach），但是她们都拥有极度敏感的身体能量，似乎可以接通可见与不可见的管道。此时，艺婷自己的身体也逐渐被打开，于是萌生了一个想法，即在展览开幕那一天在展览现场做一个动与静的即兴、人与人造物的剧场。艺术家们都很大胆地支持了这个想法。尽管一旦舞者进入，装置作品就有面临变成舞者背景的风险。冷墨艺术小组保持了一贯的先锋性，没有考虑太多，他们也想试试看这样的组合会发生什么。在展览开幕现场，艺婷等六位舞者的即兴表演和冷墨艺术小组的装置作品营造出一种极其悲怆、神秘的情境，甚至在回放影像记录的时候大家都感觉有点儿不可思议，似乎每个舞者都体验到了一种“出灵”的状态。这让艺婷确认了身体自有主张，“能量场”是可以在集体工作中被催生出来的。自此，她开始关注静态的艺术作品与动态的即兴现场，身体之内和身体之外的共创关系。这些体验引导她开始研究荣格与神话原型、海灵格的家族系统排列以及其他的心理治疗方法。在这个展览之后，艺婷的兴趣开始转向对身体的研究和开发，并开始了解催眠、塔罗等种种潜意识的隐喻方法。也是在这个展览之后，艺婷开始对都市中的白盒子空间产生了一种距离感，她希望走入更大的乡野空间。

与音乐家合作

音乐家刘索拉在20世纪80年代以中篇小说《你别无选择》成名，是中国新时期先锋文学的重要代表人物。艺婷当然在很小的时候就知道她，但知道并不意味着了解。2016年左右，通过一位好友、摄影艺术家和教育者于婕，她认识了刘索拉。当时刘索拉在宋庄美术馆建馆十周年系列展中做了一个展览“刘索拉与朋友们在宋庄：刘索拉+于捷声音视觉艺术展”（LIU SOLA & FRIENDS: LIU SOLA + YU JIE SOUND ART）[1]。刘索拉和于捷的声音视觉艺术作品通过五百平方米展厅中一个高五米的三百六十度影像进行展示，影像中一只鸡在跑，配合刘索拉那首著名的音乐作品《鸡赶庙会》。艺婷感觉这个展览把刘索拉身上那种幽默、不

1 “刘索拉与朋友们在宋庄：刘索拉 + 于捷声音视觉艺术展”，策展人：方蕾，艺术家：刘索拉、于捷，2016 年 6 月 11 日—2016 年 7 月 10 日，宋庄美术馆，北京

吝、既土又洋（因为她的人太都市了，任何土气的东西到她那里都会变得洋气）的状态全部呈现出来了。艺婷被这个展览深深地吸引了，之后就很想和刘索拉合作一个项目。同时刘索拉的一位三十多年的好友、生活在伦敦的艺术家杨迎生一直想做一些刘索拉个人的影像作品，想做她像女巫、女神、女王一样的能量状态，想把她二十几年前的和现在的、个人的和公众的、“上身”的和“没上身”的状态呈现出来。艺婷和刘索拉的这位好友发现刘索拉有很多视觉乐谱。中世纪就有音乐家用画图的方式写作乐谱，而约翰·凯奇（John Cage）则把这种方式带入大众视野。当时一批先锋音乐人都有类似的尝试，但刘索拉的特别之处是她同时是一位作家，她的书写、视觉和听觉是天然相通的。她说她写作的时候特别像在作曲，文字中有音乐的韵律；而作曲的时候又特别像在画画，用视觉和空间的方式处理音乐。尽管她一再强调自己不是艺术家而是音乐家，强调自己“不懂美术”，但是艺婷感觉刘索拉顺遂天性的思考方式和打破学科界限的自然状态特别有意思。她对她说：“如果你不是艺术家，谁又是艺术家呢？”正是这种交流和讨论促成了2017年在798艺术区东京画廊+BTAP的展览“莫名·奇妙：刘索拉音乐变焦”（NAMELESS BUT WONDERFUL: THE CHANGING FOCUS OF SOLA’S MUSIC）。杨迎生在伦敦做好了关于刘索拉的影像素材；刘索拉花了一个夏天的时间在她美国的家里做了一件装置作品，但是这件装置作品其实只是她的一次尝试。艺婷认为自己在这个展览过程中并没有涉及太多所谓的“策展”工作，只是做了一些发现、协调、鼓励的工作以及硬把刘索拉的几件乐谱印成了版画。对艺婷来说，这个展览是有遗憾的，空间不够大，不足以呈现刘索拉的全貌，因此她计划未来在某个美术馆中再做一次，做一个真正的刘索拉个展，呈现她这个人。艺婷笑称：“也许那样的一次策展将是比较过瘾的。”

一个非遗项目

2018 年夏天，艺婷作为策展人和艺术家邬建安一起在今日美术馆、文化和旅游部恭王府博物馆做了一个关于非遗的展览“事苗：苗文化的多维观想”（WHERE WORLDS WE WEAVE: MODERN MORES AND TRADITIONAL MIAO VALUES）。艺婷告诉我，这个展览的缘起是 2016 年秋天邬建安在北京民生现代美术馆做了一个展览“征兆”（OMENS: RECENT WORKS BY WU JIAN’AN）[1]，巫鸿教授是策展人。艺术家把很多动物标本做成乐器，在开幕现场邀请一位很棒的音乐人小河和他的乐队做了一场即兴演出。那个现场有一种非常原始但超越时空的状态，这一点是艺婷很感兴趣的。她本来计划与邬建安合作一个类似的展览，但是阴差阳错，先合作了一个关于苗族非遗的当代转换的展览项目。在这个项目中，策展人和艺术家前前后后带了二十几位中央美术学院实验艺术学院的本科生、研究生到贵州东南地区的织金、雷山、丹寨、凯里、台江考察苗绣、苗歌、苗族饮食和传统祭祀。在与当地神奇的手艺人和艺术家认识、交流的过程中，艺婷感觉他们的文化给了自己很好的滋养，她对这个非遗项目有了新的看法。受到项目发起人的支持，经过艺术家和策展人的共同努力，一个命题展最终呈现出一种原创而当代的风貌。展览展出了邬建安、青年学生、贵州当地手艺人和艺术家的作品以及贵州传统手工艺作品等二十六组、一百一十二件作品。90 后年轻人的实验装置和苗族素人绘画同时展出；传统苗绣和邬建安两层楼高的布质雕塑相安无事；经过学院训练的苗地青年艺术家无比自信地绘制民族的古歌、生活和传说。

---

1 “征兆：邬建安新作展”，策展人：巫鸿，艺术家：邬建安，总策划：周旭君，2016 年 11 月 4 日—2016 年 12 月 11 日，北京民生现代美术馆，北京

白盒子空间被设计师钱若斐用500根从贵州蓝染缸里运来的蓝竹打造出一个秘林，消解了传统与当代、山区与都市的对立。在艺婷看来，邬建安是一位经验很丰富、对展览现场把控力很强的艺术家，因此策展人的意志其实应该是靠后的，不像之前的展览，自己的意志都是靠前的。经过这个展览，艺婷开始思考在与不同艺术家合作的时候策展人的角色定位应该是不同的，依据最好的效果而流动。

新展："文芳"（WEN FANG）

采访艺婷大约一个月之后，我参加了艺婷参与策划的展览"文芳"的开幕。与一般展览前后的学术研讨会不同，这次艺婷主持了一个"聊天会"。大约一个半小时的聊天会，虽然有男性在场，但发言的全是女性。发言者中，有在日本求学的少女因被文芳的分享触动，回忆自己对抗抑郁症的经历而泣不成声；有被文芳改变了生命轨道，从西北到北京学习、生活的"马大夫之家"[1]曾经救助的孩子；有参与文芳"大地艺术"实践的她的发小儿；有文芳多年的收藏家、赞助人。艺婷后来表示她有点儿感觉收不住场，女性的言说通常都是描述式、情感性的，好像说了很多又好像什么都没说。但是她也认为，这恰恰是女性独特的表达和疗愈的方式。

在处理文芳这个展览的时候，艺婷其实已经对于"策展人"这个身份有些厌烦。她重新问自己：一个策展人，如果只是在一个白盒子里做

---

1 马大夫之家：1999年由前无国界医生组织副主席胡·马塞尔创建的公益团体，在陕西、甘肃和湖北等地的农村贫困地区展开工作，主要实施寄养孤儿和流浪儿童的紧急救助两类项目。详细信息可见：http://madaifu.info/wordpress/zh/。

了一个只能被少数人（而且是熟识的少数人）看见的似乎有意义其实无意义（因为意义本身不存在）的展览，还能在多大的程度上驱动自己的热情。最开始，她只是承担了展览发起人、芝加哥大学北京中心的主任、人类学学者冯珠娣（Judith Farquhar）的嘱托，即在冯教授离开北京的期间帮助艺术家组织展览的思路，并没有想到承担策展人的角色。但是文芳和冯教授被艺婷的敬业精神以及对文芳艺术的深刻理解所打动，在开幕前一周的时候，决定邀请艺婷来做联合策展人。因此，艺婷没有选择从这个“厌烦”中逃离。

艺婷说自己是一个后知后觉的人，总是依据直觉来行动，需要一些时间才能反刍出来当时为什么行动。她说，文芳的艺术创作之路打动她的地方是那种自觉而不自知的在酒神天性与日神规训之间挣扎的真诚，以及在养育孩子之后从酒神、日神转向月亮之神的女性能量的觉醒。艺婷说，酒加太阳是灿烂灼烧的力量，但是最后，就是华丽辉煌的毁灭。倒是月亮，光亮皎洁地静待着，陪伴着，看似永远不是主角，却是人内心真正的皈依。遇到文芳的时刻，也是艺婷越来越能从“隐喻”的角度切身体会艺术与世界的关联的时刻。那些不可言说的，都要通过隐喻来表达。她说她一直到 2019 年，才真切地抚摸和呼吸到自己身上的女性能量，开始从性别的角度思考问题。这种后知后觉又给她开启了一扇新门，仿佛重新出生。

主要策展项目

2013

【个展】“范姜的花园”，策展人：艺婷，艺术家：范姜明道，2013 年 3 月 30 日—2013 年 5 月 18 日，东京画廊 +BTAP，北京

2016

【个展】“问”，策展人：艺婷，艺术家：沈博伦，2016 年 4 月 23 日—2016 年 5 月 12 日，炎黄艺术馆，北京

【群展】“必死无疑”，策展人：艺婷，艺术家：李飒、于洋、孔妍，2016 年 9 月 24 日—2016 年 10 月 22 日，东京画廊 +BTAP，北京

2017

【个展】“莫名 · 奇妙：刘索拉音乐变焦”，策展人：杨迎生、艺婷，艺术家：刘索拉，录像摄影：于捷，媒体策划：云浩，2017 年 9 月 9 日—2017 年 10 月 14 日，东京画廊 +BTAP，北京

2018

【群展】“事苗：苗文化的多维观想”，策展人：艺婷，艺术家：邬建安，联合参展艺术家：安元书、陈鹏飞、丁楠、冯志佳、冯梓烜、靳阳、刘正花、苗耀升、石翔宇、寿盛楠、童言明、王洛乔、王媛媛、吴亚哲、杨晓珍、张忠保、郑国荣、郑洞天、郑嘉燕、朱正雯，展览设计：钱若斐，2018 年 9 月 8 日—2018 年 10 月 9 日，今日美术馆，北京，2018 年 9 月 23 日—2018 年 10 月 22 日，文化和旅游部恭王府博物馆，北京

2019

【个展】“文芳”，策展人：冯珠娣、艺婷，艺术家：文芳，2019 年 4 月 21 日—2019 年 10 月 31 日，芝加哥大学北京中心，北京

王 将

策展性创作与创作性策展

天气状况	晴 / 晴
气　　温	21℃ /8℃
风力风向	西南风 3~4 级 / 西南风 3~4 级
采访时间	2019 年 4 月 3 日星期三，13:30—16:30
采访地点	站台中国当代艺术机构，北京朝阳区酒仙桥路 2 号 798 艺术区中二街 D07

王将曾以每年策划十几个展览的频率在陌上实验和陌上画廊工作，他在策展人、监制、主持、艺术家的身份之间辗转腾挪，似乎永不疲倦。2019 年，他在站台中国开始了新的工作。我们在一个春季周三午后前往 798 艺术区的站台中国 dRoom（项目空间）采访了王将。王将策划的新展“隐蔽的幽灵：王将 × 乌合之众®”正在这里展出。对他来说，这个展览就是他的作品。

策展性创作与创作性策展

“隐蔽的幽灵：王将 × 乌合之众®”（HIDDEN GHOST）在 2019 年“画廊周北京”期间开幕，王将告诉我，“隐蔽的幽灵”这个展览其实不是他的一次灵光乍现，而是自己一直都在做的一种“创作”。王将认为，当然今天很多策展人都在说展览就是自己的创作，不过这种说法太像一个“比喻句”了，而他要做的则是一种“陈述句”的创作，一种真正意义上的策展性创作或创作性策展。他一直在思考一个问题，就是策展人的著作权如何体现。在他看来，策展人就像一个主编，应该有一个汇编著作权，但是策展人留下的东西往往要比主编弱得多，比如在某年某月某日到某年某月某日之间某位策展人做了一个展览，留下一个文献，可能是画册或场刊（通常没有书号，无法发行），也可能什么都没有，仅此而已。那么，在完全没有著作权而汇编著作权又极弱的情况下，策展人如何强调他的展览就是他的“创作”呢？因此，从这些思考和艺术家的背景出发，王将联合“乌合之众”设计品牌邀请了十位艺术家做了“隐蔽的幽灵”这样一个展览。他用十个制作精美的物流盒子把十位艺术家的十件作品包裹起来挂在墙上，观众不知道作品的样子和作者，但是可以根据标价购买这些作品。十个盒子上贴着物流面单，面单上签着寄件人的名字“王将”，这样，十件作品的署名权和著作权就从艺术家手中转移到了策展人手中。通过包裹和签名，王将把策展人的汇编著作权变成了著作权，但是如果藏家购买了某件作品并将盒子打开，那么著作权就又回到了艺术家手中。从某种程度上说，这个项目是一次策展人和艺术家之间的博弈。

关于“隐蔽的幽灵”这个展览，王将告诉我，他的主要工作在于说服。一方面是说服艺术家，这一点相对容易。王将之前做过很多类似的项目，艺术家朋友知道他在讨论什么并且熟悉他的工作方式，因此他认为自己的策展不是一种“强策展”，“强策展”的概念需要被重新定义（处于强势的策展人凭借自己的权力提出一个观念，然后邀请处于弱势的艺术家参加展览并帮助其完成观念的表达）。比如这次展览，王将会在筹备之初就通过电话沟通和一对一的面谈向艺术家朋友讲清楚展览的观念、全部细节、策展人与艺术家怎样合作、展览的最终利益如何分配，等等。因此，在展览开幕之际，十位艺术家朋友全部到场而且感觉很酷、很好玩儿。整个过程非常顺畅，没有任何问题，不像有些展览因策展人的强势意志而引起艺术家的反感和抵抗。另一方面则是说服机构和合作方，这一点比较困难。王将花了一个多月的时间说服机构，这还不是最难的，最难的是说服合作方。他一直在以独立策展人的身份策展，因此作为内容提供者，他个人与合作方需要签订合同。合作方提供的合同涉及违约责任、著作权、署名权、衍生权、报税等，需要他一条一条地进行修改。经过十天的修改，双方终于签订合同，然而此时，留给展览筹备的时间只有七天，留给展览布展的时间只有五天。王将带着一位助手没日没夜地完成了将近五十件作品的制作。除这些经纪人和艺术家的工作之外，还有观念、主题、文章撰写、视觉设计等一系列策展人的工作。比如海报设计，在展览开幕前两天作品都没有完全到位的情况下设计师都不知道怎样做海报，最后是王将花了两个小时独立完成了海报设计，而且效果很好。王将笑称，自己做展览是有一点儿赌徒心态的，不是每一位艺术家、策展人都能够做出这样一个展览，这得益于自己长时间、高频率的策展工作积累的经验。

怀疑主义

“隐蔽的幽灵”开幕之后不久，王将曾与一位学者聊天，在被问到是否认同某位艺术家工作速度很快时，他的回答是肯定的。在王将看来，每个人的背景是不一样的，像所谓的“学者”“专家”这一类处于社会分层较高位置的人，往往会选择一种缓慢的工作方式，而像所谓的“独立艺术家”“独立策展人”这一类处于社会分层较低位置的人工作起来就必须快、必须猛，这里面有一个社会分层的原因。王将有时选择一种速度策略，以在陌上画廊和陌上实验的工作（2016—2017）为例，仅一年半的时间，仅策展项目他就一口气做了十九个，这还不包括他同样长时间、高频率地监制项目（对他而言监制和策展没有太大的区别，他在监制项目中同样投入了很大的精力，比如海报、媒体、宣发、销售，等等）。

王将在“隐蔽的幽灵”展厅入口以西奥多·阿多诺（Theodor Adorno）关于在资本主义时代艺术因变成商品而无比自豪的论断作为引言，提出一个我们应该正视与接受的现实：“艺术从创作开始就已经被商品生产逻辑渗透与预设。”关于这一点，王将认为，这个展览不是对艺术商品属性的纯粹批判，而是强调一个现实、呈现一个游戏，是对资本主义生产方式及其营造的现代神话的一次模拟，目的是激发观众的讨论和思考。王将认为自己是一位怀疑主义者，没有太多的固执己见，但又和典型的怀疑主义者不太一样，典型的怀疑主义者往往会因为怀疑主义的思维方式失去对生活和真理的信心，而他在这种情况下会选择有效，比如做一个展览或一件作品。在无法追求绝对真理的时候应该追求现实的回报，通过一个展览或一件作品提出一个问题、产生很好的影响力才是王将目前的一种追求。

王将在“隐蔽的幽灵”展厅中央摆放了两个人台，展示了一女一男两件王将与KSIEZYC/孟月明设计品牌合作的限量时尚衬衫，分别印着“DO

NOT CRUCH”（切勿挤压）和“NEW YORK IN TRANSIT”（运往纽约）的字样，这两句话来自物流包装上的标语，后者有点儿梦想、事业、追逐的意思，前者有点儿女性主义和挑逗意味的意思。两件衬衫分别标价 1680 元和 1980 元，象征着人的物化，与墙上隐喻着艺术的物化的十件作品形成一种对应关系。关于物化，王将认为，虽然“人的物化”这个概念有点儿批判的意思，但是当他向观众介绍这两件衬衫的时候，观众其实是可以接受的，好几位藏家购买了这件作品，这就很有意思，也就是说所谓的“文化权贵”和“中产阶级”对此是有一种包容心态的。

王将的发型和发色有点儿像安迪·沃霍尔，但是他告诉我，沃霍尔其实不是他最先关注的艺术家，他只是喜欢把头发染成这个颜色、做成这个样子，让自己看起来不那么乖而已。他认为真正对自己影响比较大的其实是皮埃尔·布尔迪厄（Pierre Bourdieu）和霍华德·贝克尔（Howard Becker）的艺术社会学理论。

文化区隔、艺术体制与自我组织

布尔迪厄在《区分：判断力的社会批判》（La Distinction: Critique Sociale du Jugement）一书中提出一种关于文化区隔的社会学批判。王将认为，“审美即政治”和“审美即阶级”是一回事，政治的背后就是阶级。在当代的世界和中国，阶级是比较迫切的一个问题。当然，阶级本身是没有问题的。如果一个社会没有高低之分，人没有上升的欲望，那么这个社会和这个社会中的人还有什么意思呢？重要的是能不能在下层、中层、上层之间构建一个顺畅的通道。由此，王将提出“当代艺术是阶级区隔的工具”这样一个断论。比如自己在做的这些事情，有的时候就是一种编码和解码的游戏，策展人、艺术家和观众只有经过一种教养和学习才能共同理解当代艺术，那么所谓的“底层”哪有时间和金钱去理解艺术甚至先锋艺术呢？所以“文化权贵”和“中产阶级”一直在标榜自己的先锋精神。这是一个现实，大家应该接受和正视。另外一个问题就是艺术体制批判。现在做艺术系统批判这一类创作的艺术家越来越多，王将认为，这就是艺术家的真实生活，生活在艺术圈中的艺术家每天面对的就是与美术馆、画廊系统的权力关系和自己的人生境遇，如果一位艺术家希望突破自己的人生境遇、经营好自己的“生意”或“事业”，那么他就无法不与艺术系统中的人和事发生关系。在王将看来，做艺术体制批判的创作其实也不是什么很新的事，从杜尚开始就有人在做这一类创作了。因此他在自己的简历中以艺术体制“研究”这样一种更加中立的说法代替“批判”，他感觉没有什么好批判的，自己既爱其中好的部分也爱其中坏的部分，每天能说件有意思的事、能提起别人一点儿兴趣就很不错了。

与很多人从艺术家转向策展人一样，王将的身份转向也源于一种自我组织。王将大学毕业之后在德国学习了两年绘画，回国之后他面对的一个最大问题就是如何融入国内的艺术生态，起码要找到一些能在一起玩儿、一起奋斗的伙伴，因此开始和一帮朋友做独立空间。在做 On Space（之上空间 / 打开空间，2014—2015）期间，王将发现，受邀策划展览和自我组织展览的机会要比受邀参展的机会多得多，那么作为一位艺术家如何继续自己的工作？很多人因此变成了纯粹的策展人，但是王将在策展上的野心不是很大，他知道自己的局限和优势在哪，他感觉自己的工作状态有点儿像进化论“物竞天择”的结果。不只是“隐蔽的幽灵”，王将在很多策展项目和讨论策展系统的个人项目中强调了自己的著作权。比如在 2018 年的个人项目“为什么要展览”（WHY EXHIBITIONS）中，他采访了一百位艺术家和策展人，做了一本书和一个展览。他问他们“为什么要展览”这样一个问题，每个人的语音回答都以“呃”开头，代表了一种思考的进行时，也可能是一种对自己的怀疑。《呃之书》（Uh）是一本非常“灰色”的书，答案有名、有利、有一炮而红，但是没有关于艺术本体的讨论。这本书的内容以文本、声音、影像、霓虹灯、装置、空间的展览形式呈现。从这个意义上说，王将的“策展性创作”或“创作性策展”是一个“陈述句”而不是一个“比喻句”。他告诉我，之所以有那么多策展人、艺术家会鼎力支持他的个人项目，其实是基于他在陌上画廊和陌上实验期间做了大量辅助性、服务性策展工作的语境而成立的。

先生、小姐、桃花、春梦

2016 年的“尖先生与卡小姐”（MR. JIAN & MISS KA）是宋庄美术馆建馆十周年系列展的重头戏，也是王将作为策展人第一次大规模积累艺术家资源的一个大型群展。由于参展艺术家太多、美术馆空间太小，展览分成 A（以女艺术家的阴质作品为主）、B（以男艺术家的阳质作品为主）两个项目先后展出。王将笑称，那样的事今天已经不太可能再发生了，如果再发生自己都感觉对不起艺术家了，当然美术馆请大家吃了很棒的晚餐，布展和设计也是美术馆提供的，但是没有经费支持艺术家的材料和运输。那么为什么这样一个包括展中展、涉及两百多位艺术家新作品的展览能够做成呢？原因就是王将之前在做独立空间 On Space，已经做了一些辅助性、服务性展览，积累了一些艺术家资源，在这次大体量的展览中，他的艺术家资源和宋庄美术馆馆长方蕾的艺术家资源整合起来，大家本着你情我愿、相互支持的原则促成了这次展览。在这次展览中，王将不但作为策展人撰写了前言，而且在 B 项目中作为艺术家展出了一件个人作品《图画展览会》（Pictures at an Exhibition）。他受穆索尔斯基（Mussorgsky）“音画”观念的启发，将作曲家依据十幅画创作的十首乐谱以画的方式展出，同时在十个金色喇叭中播放来自十首曲子时长十秒的声音，最后通过遣词造句将十首乐谱的标题连接起来变成一则寓言，作为另一个前言与正式撰写的前言相互呼应。

On Space 独立空间的发起人是吴升知、梁浩、李天琦、张永基、蒋同，后来罗蔷、陈凌杰和王将加入其中，策划团队由八位青年艺术家组成（其实涉及二十多个人的合力），以轮值的方式策划展览。2015 年底 On Space 解散之后，王将把独立空间积累的艺术家资源带到了 2016 年初的展览“尖先生和卡小姐”。“尖先生和卡小姐”展览之后，王将开始在陌上画廊和陌上实验策划展览。虽然一个是画廊空间、一个是项目空间，但是对王将而言没有太大差别，他以先说服老板后自我组织的方式在两个空间平行工作。当我问到为什么大多数是个展时，王将认为，在空间太小、频率太高的情况下是不合适做群展的，同时今天的很多群展都是牵强附会，标题和作品之间其实没有什么关系。在王将看来，做个展其实是一种策略：艺术家往往对群展不太重视，但是对个展就完全不一样了，尤其是年轻艺术家会非常重视，有什么说什么的展览可以做得很实在。

在陌上期间的两个个展（个人项目）是王将愿意聊聊的。一个是 2016 年农民王珍风的“桃花弄”（TAO HUA NÒNG: WANG ZHEN FENG）。“王珍风事件”多多少少与王将有些关系，那张“王珍风 PK 周春芽”的照片是他拍的，但是对这件无心插柳柳成荫的事他至今都持怀疑主义态度。有意思的是，这件事出来之后，公众几乎全都站在了王珍风一边，这呈现出一种公众对当代艺术的信任危机和价值争议以及一种文化区隔。在第二届“北京独立艺术空间”艺术节期间，王将策划了王珍风的个展。当时两位重要媒体人结伴而来，一位进入展厅看展，一位拒绝进入展厅并在门口观望。王将认为，这个展览不但不是给自己“减分”的，而且是“加分”的。另一个王将愿意聊聊的则是 2017 年网红天狗桑的“夜长春梦多”（HORNY NIGHT: TenGuSan SOLO）。天狗桑是一位编剧出身的业余摄影师，头戴红面长鼻的日本山林妖神天狗桑的面具，他的一次成像照片拍得介于情色和色情之间，很有意思。王将说服他和一家合作方一起做了一个个展。把一千张照片简单地挂在墙上显然不是一个合格的当代艺术展，以天狗桑提供的照片为基础，王将把他的人物设定、日常观念和态度变成了一种由装置、雕塑、摄影、文字、符号组成的形式，把一个人变成了一件作品或一个展览。展览开幕当天人气爆棚。对王将来说，这是一件非常刺激的事。

艺术社会学

贝克尔在《艺术界》（Art Worlds）一书中以社会学的视角审视艺术，进而提出艺术是一种社会活动的论断。受到这一论断的影响，王将在2018年的个人项目“THANKS/SORRY, EVERYONE！”（谢谢/抱歉，大家！）中从艺术世界观、展览语境、价值策略和个体经历出发构建了一种艺术社会学的观念框架，并围绕一系列叫作“无限绘画”的作品展开观念讨论。晨画廊的艺术总监刘美君邀请王将策划一个展览，王将说好，但需要回去想想做个什么展览。有一天王将跑到晨画廊去看场地，顺便告诉刘美君自己有一个英国展览可以拿到这里来做。王将笑称，自己出卖了朋友的信任，开了一个玩笑、做了一件作品。他以“阶级平权”的名义列出了英国展览所有参与者的名单，从策展人到艺术家，从画廊老板到布展工人，但其实这份名单来自一部以高古轩为原型的英国电影《摇摆画廊》（Boogle Woogle）。王将在画布上画出《摇摆画廊》中演员的名字和角色的名字，画出这次展览所有参与者的名字，然后把这一系列作品叫作《无限绘画》。除此之外，王将还把藏家的名字画在画布上作为《无限绘画》的延伸部分，这些名字组成一份无限延伸的名单。王将认为，他在这一个人项目中讨论了如何劈开艺术界马太效应（有名的人越有名，有钱的人越有钱，没钱没名的人永远没有展览）的问题，这是一个从“零”到“一”的过程。很多艺术家、策展人朋友都成为这一系列作品的藏家，所有参与其中的人共同完成了这个项目。王将说就像电影的演职人员名单一样，我们把所有的聚光灯打在策展人和艺术家的身上是不对的。这个项目一方面印证了贝克尔关于艺术是一种集体活动的观点，另一方面则成为王将积累效应的素材。在“THANKS/SORRY, EVERYONE！”这次展览中，还有另外一件作品叫作《焰火笔记》。王将有写艺术笔记的习惯，他把一篇艺术笔记烧掉，变成一朵好看的焰火，做成摄影作品，把自己的一天分享给观众。我们在艺术的学习、探索之路上形成了很多认知，但是很多时候没有把这些认知转化成作品和果实。如果说贝克尔的引言调动的是“知识”，《无限绘画》调动的是“观念”，《焰火笔记》调动的是“情感”，那么展览标题中的“THANKS”和“SORRY”调动的就是“悬念”。一个展览通过这些元素的调动，最后促成了销售和学术领域的评价。虽然是一个小展览，但是王将认为这是一个很好的创作和策划案例，他很感谢晨画廊和刘美君。与这个展览相互呼应，在“隐蔽的幽灵”中，藏家可以通过一个价格买到两个人的作品，背后是艺术家和策展人的价值博弈，这对藏家来说是很有吸引力的，而且是藏家决定了这件作品的命运。在王将看来，自己的艺术社会学姿态不是一种批判而是一种怀疑，世界和真相也许就是这样，为什么不能谈谈呢？

新展：“夏季群展：致青春”
（GROUP EXHIBITION IN SUMMER: TO YOUTH）

“隐蔽的幽灵”之后，由三十三位艺术家参展的群展“致青春”赶在 5 月 20 日网络情人节的前两天开幕。当天，我从外地赶回北京看了王将策划的这个展览。夜晚，站台中国的画廊中已经没有观众，dRoom 中几位艺术家在聊天，唯独不见王将，发微信给他，次日早上收到他的回复“我喝断片了”。又次日下午王将发来他写的《青春里的狂欢节：WJ 写给 WJ》。他说，这其实是展览的真前言，也是他的一封真情书、一件真作品。他把王尔德在狱中写给情人的一封长信《自深深处》中的一句话扩写成三段里尔克式的自白挂在 dRoom 展厅入口右手边的一面墙上，作为“GOOD LUCK”项目单元的关系文本。“GOOD LUCK” 来自董金玲的行为观念作品《我从深处求告》，艺术家以刀片在自己背上刻下这句献给青春的祝福，为项目单元定下基调。“GOOD LUCK”项目单元由七位年轻艺术家的行为观念作品组成，分布在前后两个展厅，如果说前厅的气氛热烈、张扬、残酷，有些酒神的意味，那么后厅的气氛则冷静、内敛、自恋，有些日神的意味，内外两个展厅被策展人处理得清澈透明而意味深长。与项目空间呼应的是隔壁的画廊空间，这里展出了另外二十六位相当活跃的艺术家的作品，这些作品虽然以绘画、雕塑和装置为主，但是仍然试图以浪漫、激昂、超然、神秘、颓废、寡淡、落拓、平庸的方式对 “青春”的主题做出复杂而多样的个人表达。看得出来，王将希望画廊空间和项目空间的两个展览互为注脚，共同指向一个与集体怀旧无关与个体生命有关的“青春”，共同指向塞缪尔·厄尔曼（Samuel Ullman）的散文名篇《青春》。

主要策展项目

2016

【群展】“尖先生与卡小姐：项目A”，总策展人：方蕾，策展人：王将、罗蕾，艺术家：柴柴、陈庆庆、代雪晴、杜雪、高茜、胡伟、焦朦、罗洋、李琳瑛、刘符洁、3P=3Players（三人）、刘嘉嘉+许莲、史明汇、娜布其、平克共和国少女之心艺术馆、任伦、SANSAN（三三）、田晓磊、王嫣芸、曹宇哲、汪华、文那、许峰、谢其、岳明慧、杨光、于瀛、周洁，2016年3月1日—2016年4月11日，宋庄美术馆，北京

【群展】“尖先生与卡小姐：项目 B”，总策展人：方蕾，策展人：王将、罗蕾，艺术家：陈功、陈凌杰、陈树、陈志伟、方安国、管勇、胡婧、黄立言、贾小丁、蒋同、李静晖、刘嘉楠、刘正勇、刘仲宇、罗蕾、吕连涛、马克、莫棣、目击小组、牛文博、欧阳苏龙、秦铃森、曲小雨、宋兮、任伦、史昊鹏、唐蓤珑、王朝勇、王恩来、王将、吴梦诗、夏弢、杨欣嘉、曾鹏飞、张推推、赵小伟、郑无边、朱佩鸿，2016 年 4 月 16 日—2016 年 6 月 6 日，宋庄美术馆，北京

【群展】“发烫的冰：冷形式的表现欲”，出品人：高小伟，策展人：王将，策展助理：董娜，艺术家：车雷、迟群、胡婧、雎安奇、蒋同、刘嘉楠、吕连涛、宋兮、田晓磊、于海，2016 年 7 月 16 日—2016 年 8 月 16 日，陌上画廊，北京

【群展】“无限笔记：一次艺术对文学的僭政”，策展人：王将，出品人：高小伟，艺术家：马克，2016 年 8 月 6 日—2016 年 8 月 18 日，陌上实验，北京

【群展】“控梦术”，策展人：王将，出品人：高小伟，艺术家：张钊瀛、杨欣嘉、许宏翔、刘海辰、姜淼、黄立言，2016 年 8 月 20 日—2016 年 10 月 5 日，陌上画廊，北京

【个展】“桃花弄：王珍风”，策展人：王将，出品人：高小伟，艺术家：王珍风，2016 年 8 月 28 日—2016 年 9 月 11 日，陌上实验，北京

【个展】“灯下观色：任伦”，策展人：王将，出品人：高小伟，艺术家：任伦，2016 年 9 月 18 日—2016 年 10 月 1 日，陌上画廊，北京

【群展】“阿尼马格斯：隐喻”，策展人：王将，出品人：高小伟，艺术家：陈镪、范久鹏、候炜国、贾政、约翰内斯·尼尔森（Johannes Nielsen）、任伦、万朵云、王朝勇，2016 年 10 月 15 日—2016 年 11 月 14 日，陌上画廊，北京

【个展】“禽兽公园：张云峰、李海光”，策展人：王将，出品人：高小伟，艺术家：张云峰、李海光，2016 年 10 月 27 日—2016 年 11 月 6 日，现场表演：2016 年 10 月 29 日 16:00，陌上实验，北京

【个展】“西 · 太平洋：陈志伟”，策展人：王将，责任执行：陈凌杰，项目统筹：高小伟，联合出品：陌上实验、小启组，艺术家：陈志伟，2016 年 11 月 12 日—2016 年 11 月 25 日，陌上实验，北京

【群展】“临界之思”，策展人：王将，出品人：高小伟，艺术家：许宏翔、梁浩、刘影、聂赫夫、李天琦、张宇飞、张木，2016 年 12 月 3 日—2017 年 1 月 3 日，陌上画廊，北京

【个展】“如此神奇 / 非凡 / 万朵云！”，项目总监：王将，项目出品：高小伟，艺术家：万朵云，2016 年 12 月 3 日— 2016 年 12 月 18 日，陌上实验，北京

2017

【个展】“白月亮：黄立言”，策展人：王将，出品人：高小伟，艺术家：黄立言，2017 年 3 月 11 日—2017 年 4 月 10 日，陌上画廊，北京

【个展】“轻飘飘：黄立言”，策展人：王将，责任执行：陈凌杰，联合出品：陌上实验、小启组，艺术家：黄立言，2017 年 3 月 11 日—2017 年 3 月 26 日，陌上实验，北京

【个展】“行为表演 MW：任伦、万朵云”，策展人：王将，艺术家：任伦、万朵云，陌上夜场：2017 年 5 月 20 日 19:30，陌上实验，北京

【个展】“迷离眼：杨欣嘉”，策展人：王将，出品人：高小伟，艺术家：杨欣嘉，2017 年 5 月 6 日—2017 年 5 月 21 日，陌上实验，北京

【个展】“夜长春梦多：天狗桑”，策划：王将，联合出品：陌上实验、稀有圈，艺术家：天狗桑，2017 年 6 月 24 日—2017 年 7 月 9 日，陌上实验，北京

【个展】“1229：秦铃森”，策展人：王将，联合出品：陌上实验、梓杰文化，艺术家：秦铃森，2017 年 8 月 5 日—2017 年 8 月 20 日，陌上实验，北京

【个展】“黑暗是我的养子：董金玲”，策展人：王将，出品人：高小伟，艺术家：董金玲，2017 年 9 月 30 日—2017 年 10 月 22 日，陌上实验，北京

【个展】“转湖：张木”，策展人：王将，出品人：高小伟，艺术家：张木，2017 年 9 月 2 日—2017 年 10 月 2 日，陌上画廊，北京

【个展】“弧弦：张庭群”，策展人：王将，策展执行：任雨薇，展览出品：高小伟，艺术家：张庭群，2017 年 11 月 18 日—2017 年 12 月 18 日，陌上画廊，北京

2018

【个展】“为什么要展览”，策展人：王将，艺术家：王将与 100 位艺术家、策展人，2018 年 5 月 27 日—2018 年 6 月 30 日，车库实验艺术空间，北京

【个展】“也许，他的父亲是一个画家：李菁”，策划：王将，艺术家：李菁，2018 年 6 月 30 日—2018 年 7 月 27 日，希帕画廊，北京

【个展】“THANKS / SORRY, EVERYONE！”，策展人：王将，艺术家：王将，2018年12月15日—2019年1月13日，晨画廊，北京

2019

【群展】“隐蔽的幽灵：王将 × 乌合之众®”，策展人：王将、乌合之众，时尚支持：KSIEZYC/孟月明，项目合作：黄立言、林奥劼、刘成瑞、刘聪、刘海辰、梁浩、童昆鸟、孙一钿、许宏翔、张书笺，2019 年 3 月 21 日—2019 年 4 月 21 日，站台中国 dRoom，北京

【群展】“夏季群展：致青春”，策展人：王将，艺术家：毕建业、董金玲、冯琳、付经岩、葛辉、胡伟、黄亮、贾蔼力、金闪、李明、林奥劼、刘成瑞、刘港顺、娄申义、马轲、亓文章、秦琦、邱瑞祥、石心宁、宋拓、宋元元、汤大尧、童昆鸟、王音、肖江、萧博、许成、张灏、张然、张玥、赵刚、赵汀阳、周轶伦，2019年5月18日—2019年6月30日，站台中国，北京

姚梦溪

集体与地方

天气状况	晴 / 晴
气　　温	25℃ /10℃
风力风向	西南风 3~4 级 / 西南风 3~4 级
采访时间	2019 年 5 月 6 日星期一，10:00—12:00（北京时间）
采访地点	北京—纽约，微信视频通话

姚梦溪在上海生活、工作。我们原计划 2019 年 2 月底在她来北京时对她进行采访，但是计划有变。由于她受到邀请需要在 3 月初前往纽约驻留半年，几次沟通之后，我们决定在她到达纽约并且安顿下来之后通过微信视频通话对她进行采访。采访时间定在北京时间一个周一上午。此时，姚梦溪刚刚结束了一次开放工作坊活动，借此机会她对自己的工作线索进行了一次梳理。

“新关系”

姚梦溪大学学的是新媒体艺术，以影像制作和观念艺术实践为主，毕业之后在 Art-Ba-Ba（中国当代艺术社区）做编辑，后来去了香格纳画廊，在画廊的展库整理文献，同时辅助策展人做一些文献展，学习文献如何重新被观看，再后来加入了创办于 2008 年的独立艺术机构上午艺术空间，与空间的创办者、年轻艺术家于吉和拉姆一起工作。在上午艺术空间，姚梦溪可以参与到每一个展览的每一个环节中，因此对展览的组织脉络有了一个整体的了解，这跟原来在机构的服务性、局部性工作很不一样。经过一段时间的工作，上午艺术空间开始鼓励姚梦溪按照自己的想法做展览。2013 年，她和香格纳画廊的艺术家邵一、唐茂宏一起做了一个前后将近一个月的活动“《阿姨杯》连续剧场”（A YI CUP THEATRE SERIES）[1]。正是在这个活动之后，姚梦溪以策展人的身份策划了自己的第一个展览“一切新形成的关系等不到固定下来就陈旧了”（ALL NEW-FORMED ONES BECOME OBSOLETE BEFORE THEY CAN OSSIFY，简称“新关系”）。同时，她也开始独立撰写展览评论。对姚梦溪来说，从编辑到机构工作者再到策展人的转换过程简单而自然。

1 “《阿姨杯》连续剧场”，艺术家：邵一、唐茂宏，2013 年 5 月 20 日—2013 年 6 月 8 日，上午艺术空间，上海

“新关系”是另一阶段的开始。通过筹备展览，姚梦溪遇见了一群可以共同工作的伙伴，他们是 2013 年刚从中国美术学院毕业的本科生和研究生，有些来自总体艺术工作室，还有即将在 2014 年从实验影像工作室毕业的青年。展览“新关系”宣称，有些关系一旦形成就陈旧了，期待 1989 年之后出生的一代能够警惕自身固有的创作习惯并从群体实践的开始时刻就昭告分离是最终形态。在开幕之后的私下讨论中，策展人和艺术家都表示对展览展示的作品和延续学校教育系统的思考方式不太满意。既然策展人和艺术家之间借展览之机形成了默契的群体，大家希望从此找到属于这一代青年人的自组织形态，在日常生活中边学习边实践，他们决定以每周一次的频率开启读书会，形成聚集和讨论。在最初的三个月中，读书会阅读的文本有鲍里斯 · 格洛伊斯（Boris Groys）的《走向公众》（Going Public）和马库斯 · 米森（Markus Miessen）的《参与的恶梦：作为一种批判性的中立实践模式》（The Nightmare of Participation: Crossbench Praxis as a Mode of Criticality），还有情境主义国际的著作。

阅读似乎不能解决实践中产生的问题。经过三个月的讨论，艺术家认为在上一阶段中缺乏自身的能量，因此决定以读书会发展出的新群体为主，组织一场活动，称为“被偷走的能量”（THE HIDDEN ENERGY）。活动在城市的各个地点发生并提前公布了时间表。艺术家之间互为观众、记录者和表演者。通过身体与城市之间的张力，完成自身能量的召回。姚梦溪认为，群体的早期实践和这个活动做了一些现在看来有些幼稚，甚至愚蠢的事情，但是其中包含很多珍贵的出发点，之后成为他们的一条工作线索。比如黄淞浩的作品，他把初中同学召集起来，在星期一上班时间邀请他们请假一天，来静安寺中心地带一栋有很多白领上班的商务楼避难层，玩儿时在课间经常玩的抓人游戏。这个游戏不需要任何道具，仅仅利用身体的运动，激发出超越日常生活的能量。当时初中同学已经纷纷离开学校进入社会，通过在工作日召集他们并一起从日常生活中挣脱出来的活动，黄淞浩形成了之后的工作线索之一：工作和劳动。“被偷走的能量”进行了两天，每一位艺术家都可以找一个城市空间实施自己的表演项目。经过这个活动，大家认为需要一个固定场所，继续做之后的项目和展览。只有四十五平方米的激烈空间就是在当时的情境中出现的，并逐渐从群展项目发展到各种项目实践。

激烈空间（Radical Space）

2014 年，姚梦溪与黄淞浩、石青一起创办了激烈空间。之前参与读书会的群体，至此只留下了少数人，但都有继续进行自组织实践的愿望，希望从现有的艺术机制和系统中跳出来，使之成为一个除推动展览和项目之外，能够进行深入讨论、学习和项目发布的现场。事情进行得很顺利，从产生想法到空间开放前后只有一个月的时间。5 月 10 日的第一个展览是艺术家石青策划的项目“紧张的经验”（EXPERIENCE OF NERVOUSNESS）。石青是黄淞浩和姚梦溪的长期合作伙伴，也是“新关系”群体中年轻人的“导师”。最初，他把空间设定成一个兼容展览和学习的空间，因此激烈空间不仅是展厅，还是一个激发创作能量的情境空间。在第一次项目中，石青为空间设置了一条很长的桌子并摆放了很多椅子，这样不仅观众可以和艺术家面对面地沟通和交流，而且日常读书会和讨论都能够在这里进行，依据时间和对象的不同产生不同的功能。

经过长达半年的读书会，参与者认为仅仅读书已经有一点点疲乏了，大家需要更多的实践来激活每一个人，因此共同讨论出一次短期活动，没有名字，暂定为“密集创作周”，要求每位参与者每天独自创作，一天结束之后回到激烈空间分享当天的作品。这个活动对大家的消耗很大，大约在第四天，每人的创作质量明显下降，能够形成讨论的话题也不多了，普遍声音是需要更多深思熟虑的创作时间。基于对“密集创作周”暴露问题的修正，黄淞浩和姚梦溪决定策划由上、下两个部分组成的项目“展览的噩梦”（NIGHTMARE OF EXHIBITION，简称：噩梦）。“噩梦（上）”为艺术家的自组织实践，“噩梦（下）”是策展人策划的展览。

“噩梦（上）”由八位艺术家共同完成。姚梦溪认为，自己在其中扮演的角色是激烈空间工作者，以展览辅助者的身份推进这个项目，不过分干涉项目细节。包括黄淞浩在内的八位艺术家参与其中，项目要求每位艺术家提出一个概念并进行论述，其他七位艺术家依据此话题做一件作品。每一位参与者都需要在两个月的活动周期内完成七件作品，参与者既是单元策展人又是艺术家，最后八个单元、五十六件作品在激烈空间不到四十五平方米的展厅中呈现。实践带来了意想不到的导向，当一位艺术家思考七个话题时，多少会从自己关注的角度出发，七件属于同一位艺术家的作品会形成实践者自己的脉络。尽管出发点是由其他人提供的，但每一位的理解并不相同，因此能够发展出自己的创作网络，对一个话题而言，也产生了具有差异的讨论。

这个展览的另一个特殊之处在于组织者采取了一种将展示和创作并置的组织方式。整个项目历时近两个月，在一个多月的时候项目正式对外发布，并且做了一场开幕，空间中摆放了近一半已经完成的作品和另一半正在创作中的作品，创作过程在后期展示中对观众开放。作品全部完成时，组织者又做了一场开幕，这时的开幕其实就是闭幕，真正意义上的展览只有一天。一周之后，大家进行了一次讨论。姚梦溪和参与这个展览的八位艺术家都有写作的习惯，通过写作在项目过程中产生了很多思考和回馈，当然这正是组织者希望达到的最终目的。

走向美术馆

“噩梦（下）：双向剧场”（THE BILATERAL THEATER）是“噩梦（上）”的延续，但是二者在展览机制上有很大的区别。如果说第一场展览“噩梦（上）”是一次模糊了艺术家、策展人之间身份界限的自组织的话，那么第二场展览“噩梦（下）”就是一次策展人、艺术家分工明确地与一个成熟艺术机构的合作。从独立空间走向美术馆系统，这对策展人和艺术家来说都是一次挑战。2015 年，姚梦溪和张涵露向上海当代艺术博物馆的“青年策展人计划”提交了一份方案并顺利成为三个入选项目之一。在这个展览项目中，她们试图将“读书—讨论—在地实施—展示—批评—再读书”这个已经存在的循环机制延续，使之完整地进入美术馆语境，通过“现实研究”“日常介入”“身份混杂”三种方法探索并检验艺术家与美术馆、策展人、观众之间的非常规关系。在艺术家的选择上，她们偏向选择具有多重身份和实践方式的个体，甚至更倾向本身在日常生活中创作例外但不称其成果为作品的项目。比如毛晨雨既是纪录片导演、作者，又是一位农民与酿酒师，他以更高的标准制作稻谷酒，以一个个传说命名每一款酿造，带领人们理解民族和地方。

同时，展览尝试通过各种机制邀请观众成为展览的一部分，甚至成为展览中的艺术家，这一点在“噩梦（上）”中是没有考虑的。当然，在“噩梦（下）：双向剧场”中仍然延续了之前实践中艺术家关于地理环境的思考，比如在“被偷走的能量”中组织者已经强调了一个空间、一个具体地方与作品之间的关系，这一次就会尝试如何将在其他地方发生、带有具体语境的创作带入美术馆的白盒子。艺术家依据地理环境重新制作或继续发展了之前的作品，比如佩恩恩在作品中提到桃浦新村是一块被上海主流叙事遗忘的角落，那么这种具体地方在展览中就需要通过特殊的空间搭建方法与作品形成一种呼应。另外，两位策展人还有点儿私心，就是想看看艺术家的社会运动方案怎样在美术馆系统中呈现。社会运动和美术馆展示体系是两个不同的分支，结合起来就是一条关于实践的线索。展览的另一条线索则是艺术家如何使用录像媒材，形成包括论文电影（散文电影）、纪录片、行动记录、叙事影像等形态的实践，相同媒材的作品因为使用方式的差异，在展览中形成对话。

从 2015 年末开始到次年三月的十二周里，策展人组织了十二个项目，邀请包括参展艺术家、策展人、建筑师和其他领域的学者把他们最近的研究和方案带到现场跟大家分享。比如《Artforum》（艺术论坛）的资深编辑郭娟就分享了克莱尔·毕肖普（Claire Bishop）的著作《人造的地狱：参与性艺术和观看者政治》（Artificial Hells: Participatory Art and the Politics of Spectatorship）中的一些观点和读书笔记，从而展开对参与性在历史中的发生特征及其与展示的关系的讨论。现任“长征计划”研究员的陈玺安，带来黑特·史德耶尔（Hito Steyerl）的一篇论文，讨论美术馆空间与其前身工厂、创作和劳动之间的潜在联系。又比如艺术家子杰由他的作品《流转仓库》所启发，在工作坊项目中把他收集的很多美术馆做展览的二手废弃材料带到现场，邀请观众一起做一些新的创作。

通过分享和创作，观众参与其中，甚至后来长期和策展人、艺术家一起工作，成为读书会新的伙伴。两位策展人开始想象一个集体和社会群体在一个展览中临时组织与合作的途径以及社会运动在美术馆中展示的可能。在最后一次活动中，大家进行了一次很长时间的讨论，大家觉得社会运动和展览是两件事情，如果结合就需要经过深思熟虑。这样的展览是应该作为一种传播工具利用艺术，还是艺术家和策展人应该兼具艺术的责任心和主体性？在这个问题上，姚梦溪和张涵露有一些共同的意见，也有一些分歧。姚梦溪认为，利用艺术做社会运动也许不是一个最优的选择，社会运动者应以效果的达成为目标，而艺术家的主要目标应该是通过创作呈现表述的合理性和非逻辑性，正是基于这种判断，她的工作重点开始从前者转向后者并围绕集体与地方的语境发掘展开。

集体与地方

2015 年，激烈空间启动了一个叫作“地方工作”的项目，邀请艺术家和任何对具体地方感兴趣的人投稿，讲述与自己切身相关的空间并进行长期创作。当时正好是过年期间，项目邀请过年回家的艺术家就自己最熟悉的地方入手，讨论除艺术主要发生地“北上广”之外的地理空间，可能是中国腹地的某个城市，也可能是身在国外的实践者就具体地方难以被看到的细微之处展开的思考。项目计划以年为跨度，以不同的方法推进。项目最初由艺术家独自完成，第二年激烈空间成员走访了不同的地方，与艺术家就其创作和具体地方语境展开对话。比如次年对郑州、商丘、余姚、绍兴、常宁、岳阳等地的走访。姚梦溪认为，地方作为一种语境可能会让大家的创作变得更加顺畅。从这个时候开始，“地方”成为一个很重要的话题反复出现在姚梦溪的展览中。

在 2016 年底至 2017 年初，泰康空间“泰康新生代策展人”项目“抵抗的涌现”中，姚梦溪策划了“紧急行动”（EMERGENT ACTION）单元。展览的筹备很快，大概只有一个月左右的时间。姚梦溪花了一个星期的时间写方案，第二个星期便开始跟艺术家联系，邀请他们参加展览并深入自己的方案，第三周大家就聚集在北京了。姚梦溪从“北上广”找了三位艺术家，北京的郑源、上海的唐潮和广州的史镇豪，他们分别毕业于中央美术学院、中国美术学院和广州美术学院。这一次他们面对的是北京草场地艺术区，三位艺术家是有一些共性的：他们都以录像为媒材；他们的创作方法具有独立的线索和推进过程；当然，最重要的是他们都有一种对社会语境的把握能力。三个个体临时组成的集体开始进行田野调查，每一位都可以向项目提供思路和行动路线。展览空间中搭建了一块绿幕，当大家在展厅里讨论时，通过抠像处理的素材可以出现在世界的任何地方，而当艺术家在草场地艺术区拍摄时，素材只能来自这里。策展人和艺术家每天一半时间在草场地艺术区周围活动，一半时间在绿幕前讨论和排演。第四周，艺术家回到各自的工作空间里独立处理素材。

草场地一半是艺术区一半是生活区，界限明确，每天有两次人的潮汐，早上住在各地的艺术工作者来到这里，而住在这里的上班族则离开这里前往各处工作，晚上反之。这里是方圆百里租金最便宜的地方，很多出租车司机也住在这里。姚梦溪和三位艺术家在这里聚集之后就开始了集体行动，他们在草场地拍摄各自的素材，然后分享并一起使用。这一期间发生了一些有意思的事。唐潮在泰康空间附近发现了一条船，他想请大家帮忙把船拖到一个铺着绿网的公共空地进行拍摄。但是保安告诉他这条船是一位 20 世纪 50 年代出生的摄影艺术家很多年前在长江边花了好多钱买的，然后又花了好多钱运到这里，未经允许不能使用。最终大家没有联系到这位艺术家。史镇豪对此提出质疑，为什么一定要用这条船？可不可以试试其他替代方案？唐潮一直没有回答，他通过一个视频告诉大家身体性是非常重要的。这条船特别沉，大家一起努力把它拖到了保安室，然后又拖回了原来的地方。如果从开始就放弃这个方案，大家就不能经历安保系统对大家的回馈。更有趣的是唐潮因此发现了保安的故事。保安一周七天二十四小时在保安室工作，如果请假就必须要有人代替他。他的保安室里有一个 DVD 机，还有很多电视剧碟片。由此唐潮想到这位保安如果从来没有离开过草场地，那么他对外部世界的认识可能全部来自这些碟片中的影像，对他来说工作就像坐牢，关在这里十年，然后他的全部积蓄就可以供他的孩子上大学。一个星期之后，这些故事开始以不同的形式出现在三位艺术家的作品中。郑源讨论的话题是如果遇到紧急情况大家应该如何行动，参与项目的艺术家和策展人就顺着这个话题在绿幕前排演，他把电影《大象》（ELEPHANT）中的讨论和大家的现场排演剪辑在一起，成为一件讨论媒介、武器、危险和行为的作品。在泰康空间提供的三个展厅颜色中，姚梦溪选择了与绿幕相同的绿色。由于项目周期非常短暂，最初大家相互之间不太熟悉，不过在此过程中，艺术家与策展人共同工作，导向了与“噩梦”及之前实践中一以贯之的策划方法，即在初期不区分工作，一起投入实践中，后期将权力交回个体。

“东北巴洛克”与“重庆森林”

作为激烈空间“地方工作”项目的延续，2015年姚梦溪参与了石青的个展“腹地计划”（HINTERLAND PROJECT）[1]的“班车”（BUS）项目。在这个项目中，姚梦溪和伙伴们以“快递员”的身份去了武汉、重庆、广州、东莞、沈阳和抚顺。大家觉得通过回到家乡的小地方语境脱离生产化的艺术创作方式并通过联合艺术家实现共识和回潮是非常有必要的。基于重拾这些地方语境的思考，姚梦溪在2016年先后做了关于东北、重庆、上海的三个项目方案。2017年初，展览“一幅不包含乌托邦的世界地图甚至都不值得一瞥”（A MAP OF THE WORLD THAT DOES NOT INCLUDE UTOPIA IS NOT WORTH GLANCING AT）成形，题目来自王尔德关于乌托邦和社会主义的论述，呈现了六位（组）艺术家的六幅地图：印尼的梭罗河、重庆的朝天门码头、常宁的丘陵乡镇、郑州的五一公园、新加坡的绿植景观、遍布中国各地的世界建筑群。这是一个目录性的展览，以此作为集体与地方的新起点。姚梦溪在2017年底和2018年底做了两个展览：“东北巴洛克”和“重庆森林：一个亚洲伦理城市样本”，如果条件合适，

---

1 “腹地计划”，策展人：孙冬冬、梁建华，艺术家：石青，2015年9月27日—2015年11月15日，广东时代美术馆，广州

她当时还计划在 2019 年底策划一个关于上海的展览。

姚梦溪告诉我，她对这样三个地方从1949年到1966年十七年间完成的生产性城市转换很感兴趣。比如上海，在大家的记忆中是一个由王家卫电影提供的海派上海，但是其实上海有很多层级：20世纪初的很多秘密空间曾作为中国共产党的地下联络点分布在城市的各个地方；1951年始建的“曹杨新村”和1952年成立的“工人文学写作小组”；跨越百年的杨浦工厂和以工人生活为主题的电影。姚梦溪希望通过展览重新拾回这些被遮蔽的集体与地方的文化语境。重庆是一个有意思的地方，它有很多国际驻留艺术空间，像“器 · HAUS空间”“坦克库 · 重庆当代艺术中心”“501艺术基地”，等等。很多外国艺术机构对上海的艺术空间不一定熟悉，但对“器 · HAUS空间”都有记忆，而且很多外国艺术家常年在那里工作和生活。同时，四川美术学院培养了很多艺术家，他们持续不断地走向北京和世界。重庆本身有非常具体的地理和历史语境，应该重新回到这里，打开历史的维度。比如19世纪末英国人立德乐（Archibald John Little）在这里创办了著名的“立德乐洋行”，20世纪初卢作孚在这里创办了著名的“民生公司”，之后又有对北碚的城市再造，他们都是这个地方的空间重塑者。那么重庆除因向“北上广”输送艺术家而被我们知道之外，其本身是否可以作为一个具体的、另外的地方被我们发掘呢？在“重庆森林：一个亚洲伦理城市样本”（CHONGQING FOREST: A SAMPLE OF THE ASIAN ETHICAL URBAN）中，姚梦溪试图从艺术系统和艺术结构的批判立场出发，重新理解这个地方。东北和上海有一点儿像，它今天的文化面貌是以“刘老根大舞台”化的小品和审美被重塑出来的。那么除历史伤痛和新的娱乐化倾向，东北的一座座老工业区，有什么是可以被我们重新发掘和打捞的呢？今天的航海、航空贸易带给我们的是从一个版图到另一个版图的跃迁连接，也是一个脱离了语境的从点到点的连接，然而在此之前，从东北经俄罗斯到欧洲的内陆贸易连接方式就很不一样。姚梦溪在“东北巴洛克”（SOCIALIST BAROQUE）中借用德勒兹的“折曲”（folds）概念试图讨论的就是这样一个问题。

2018年，激烈空间由于租金问题暂时关闭。姚梦溪和伙伴们认为，一方面激烈空间已经成为讲座和项目发布的地方，实体空间不再那么重要，另一方面越来越多的项目开始利用其他途径进行传播，因此未来是否需要一个实体空间值得讨论。同时大家在重庆创办的研究性新集体“重庆工作研究所”在某种程度上成为激烈空间的延续并以每年两期工作坊的方式对外发布项目，以直播的方式汇报创作成果。对姚梦溪来说，怎么组成新主体、展开与地方的连接以及集体和地方如何论述和被论述，是今后最主要的工作方向。

主要策展项目

2013

【群展】“一切新形成的关系等不到固定下来就陈旧了”，策展人：姚梦溪，艺术家：郭厚同、贺冰、黄淞浩、唐潮、王超、朱昶全、张京华，2013年10月18日—2013年11月30日，上午艺术空间，上海

【群展】“被偷走的能量”，组织者：黄淞浩、姚梦溪，艺术家：曹子林、董鹏飞、吉云、黄淞浩、李论、李亚峰、唐潮、田胜林、万隆、王芳艺、俞书航、张奕珅、张京华、邹天昱、佩恩恩、朱昶全，2013 年 12 月 29 日—2013 年 12 月 30 日，昌平路 363 号 209 室，向整个城市蔓延，上海

2014

【群展】“展览的噩梦（上）”，组织者：黄淞浩、姚梦溪，艺术家：贺冰、黄淞浩、李论、刘伟伟、刘亚、佩恩恩、唐潮、黄芳艺，2014 年 8 月 17 日—2014 年 9 月 7 日，激烈空间，上海

2015

【群展】“展览的噩梦（下）：双向剧场”，策展人：姚梦溪、张涵露，艺术家：黄淞浩、何颖雅、李启万、刘伟伟、刘亚、毛晨雨、施昀佑、唐潮、佩恩恩、子杰，2015 年 12 月 5 日—2016 年 3 月 18 日，上海当代艺术博物馆，上海

2016

【群展】“不着边际”，策展人：姚梦溪，艺术家：马蒂亚斯·利希蒂（Matthias Liechti）、廖斐，2016 年 9 月 8 日—2016 年 10 月 9 日，V Space & Pro Helvetia（V 空间与瑞士文化基金会），上海

【群展】“第十一届上海双年展：何不再问（理论剧院项目）”，概念发起：Raqs Media Collective（舞蹈媒体小组），项目总监：刘畑，场景建构：姚梦溪，2016 年 11 月 12 日—2017 年 3 月 12 日，上海当代艺术博物馆，上海

【群展】“抵抗的涌现”，策展人：富源、缪子衿、魏颖、姚梦溪，艺术总监：唐昕，艺术家：林甲悦、沈莘、杨露子、胡伟、谭天、赵天汲、刘国强、任日、吴鼎、史镇豪、唐潮、郑源，2016 年 12 月 30 日—2017 年 3 月 4 日，泰康空间，北京

2017

【群展】“一幅不包含乌托邦的世界地图甚至都不值得一瞥”，策展人：姚梦溪，艺术家：何锐安、黄淞浩、唐潮、吴其育+沈森森+致颖、余果、郑源，2017年3月16日—2017年5月6日，北京公社，北京

【群展】“东北巴洛克”，策展人：姚梦溪，艺术家：耿旖旎、梁硕、亓文章、宋元元、肖江、徐坦、杨圆圆，2017年12月2日—2017年12月31日，三远当代艺术中心，北京

2018

【群展】“重庆森林：一个亚洲伦理城市样本”，出品人：黄中华，艺术总监：杨述，策展人：姚梦溪，联合策展人：李勇，展览统筹：陈瑶、张静，艺术家：董勋+鲍大宸+吴剑平、蒲英玮、史镇豪、彭文彪、重庆工作研究所（鲍大宸、董勋、古晓欢、黄奥、江松、李波、刘皓楠、李琳钰、彭麒宇、舒畅、单子曦、谭杰予、魏逸丰、吴剑平、吴雨航、谢金时、殷晖、杨光影、余果、严然、张荷），2018年9月15日—2018年10月15日，星汇当代美术馆，重庆

杨紫

图像学转向与误读

天气状况	晴 / 晴
气　　温	26℃ /13℃
风力风向	西北风 4~5 级 / 西北风 4~5 级
采访时间	2019 年 5 月 20 日星期一，13:30—16:30
采访地点	今后也请，北京市朝阳区望京东园 7 区 1-1 美瑞泰富大厦售楼处底商旁

杨紫在 UCCA 工作多年，现在是公共实践部艺术总监。我们原计划 2019 年 4 月 1 日对他进行采访，但是他正好要去杭州出差，之后又要去秦皇岛和柏林为一个群展和一个个展做准备。一个多月之后，他策划的两个展览先后在两地开幕，终于，我们在望京那家安静的日本料理店三层见面。杨紫建议从他最早的策展工作开始这次采访。

一代人

杨紫大学学的是哲学和宗教学，毕业之后曾在NGO（非政府组织）工作过一段时间，是北京同志中心的创立者和北京酷儿合唱团的发起人。当我问起他为什么之后转向策展时，他告诉我当然是喜欢当代艺术，而且是那种不知道为什么的喜欢。在南京读书时，杨紫就参与了一家小型美术馆的展览筹备，但真正从事与展览有关的工作是在2011年。那一年，他加入了田霏宇主编的杂志《艺术界LEAP》，开始进入当代艺术系统，在打杂的同时开始写稿子、做编辑。那年年底田霏宇成为UCCA的馆长，2015年左右他也去了UCCA，继续做编辑，随后开始参与展览的策划。

杨紫认为，自己做的展览总是与自己这一代人的大背景有关，具体来说就是对 20 世纪 90 年代生活体验的记忆。从 80 年代末到 90 年代初，理想主义被物质主义取代，大家似乎都开始忙着赚钱。随着物质生活的逐渐丰富，很多充满想象力的国内外动画片和漫画书被创作和引进，致使很多人都形容 80 后这一代是“泡在蜜罐里长大的一代”——他们喜欢幻想，也与现实有隔膜。慢慢地，这一代人开始发现，自己已经接受的思想品德和意识形态教育与人人都忙着赚钱的现实缺乏联系。杨紫认为，自己做过的所有项目其实都在试图消弭一种被灌输意识形态时的无奈感，而在艺术领域，这种反思作为惯性，甚至变成了一种顽固的警惕。在他看来，中国当代艺术从1979年的“星星美展”伊始就一直与社会的变迁保持着联系，这种联系总是包含着激进的、革命的意识形态，即便“星星美展”对中国当代艺术的影响是正面而深远的。80后这一代正好是能够对意识形态进行反思的一代。同时，他也发现所谓“正统”的艺术创作和展览策划的生产方式已经浮现出程式化甚至僵化的问题。总而言之，杨紫不愿意关注一个单一线索（艺术史或社会变迁的线索）造成的结果，并稳固这些线索带来的既得价值，而愿意以更具体的眼光审视艺术和艺术家。

策划了几个项目之后，2016年的“肉身：恐怖谷”（LA CHAIR）是杨紫独立策划的第一个展览，这个展览开启了他之后一系列工作的基本思路。通过“肉身：恐怖谷”，杨紫确立了自己对“策展”工作的认识。他认为策展人不应该是一个艺术家社群召集者的英雄人物，而应该与艺术家通过并肩工作建立一种相互平等、相互信任的关系，一种类似于“完形”（gestalt）的关系。这种关系在杨紫2015年的两个项目“PAPAPA：泡泡纸再见”（GOOD BYE BUBBLE PAPER）和“昧”（BETWEEN US）中已经有所体现。在前一个项目中，由于发现了一条关于“泡泡纸不再继续生产”的新闻，杨紫通过网络征集了许多“如果提供大量泡泡纸你会怎么玩儿？”的问题答案，然后找到一些演员把这条新闻和问题答案表演出来。该项目由杨紫和公众号“乌云装扮者”的发起人练自强合作，试图将现场网络化。在后一个项目中，现代舞导演赵琬发起了一场舞蹈戏剧《昧》。这场注重观众参与性的表演探讨了在都市生活的青年人的爱情现状，由艺术家杨凯担任舞台设计。与之呼应，杨紫组织了四位跟身体、表演和情感有关的录像艺术家，策划了一个展览项目。在“PAPAPA：泡泡纸再见”和“昧”中，杨紫运用了自己在当时条件下可以运用的媒介和一般展览不太常见的组织手法。

“肉身：恐怖谷”

在策划展览“肉身：恐怖谷”时，杨紫想到了哲学家梅洛-庞蒂（Maurice Merleau-Ponty）的“肉身”概念。梅洛-庞蒂针对早期的二元论哲学，提出人的灵魂（意识）与身体（肉身）是不可分割的。在杨紫看来，艺术家与策展人以及艺术家与自己的作品亦可比附成这样一种关系。在这个展览中，杨紫试图讨论的是这样一个话题：艺术家跟自己的作品、自己的历史有一种什么样的关系？为什么艺术家的作品与艺术家本人之间有一种难以描述的形神皆似？根据杨紫的观察，与上一代改革开放的亲历者不同，与他同时代的艺术家往往对艺术市场的运作更熟悉，这种熟悉程度导致了两种截然不同的选择：一类艺术家由于市场的介入开始根据市场的需求“定制”作品，并奋力追逐艺术市场的消费节奏；另一类艺术家则开始自觉而巧妙地从这种市场主导的游戏中跳脱出来，并希望这样的行为可以致使自己在职业生涯的后期发力，这样带来的一个客观结果就是他们的创作更强调自身经验。从“肉身”的概念出发，杨紫邀请了七位艺术家，选了他们不是最有代表性但是和他们的个体经验与历史很有联系的作品。这场名为“肉身：恐怖谷”的展览试图以一种“缝补”的姿态审视当代艺术家的工作。在这个案例中，策展人既不讨论诸如已有足够的国际层面覆盖性的“后殖民主义”和“全球化”的问题，也不讨论在反对这种旧意识形态的过程中形成新意识形态的问题，而是把目光转向某些具体艺术家的某个片刻状态——即便他了解，从一个更宏观的角度上来说，艺术家与其生存环境也是不能完全割裂开的。换句话说，杨紫刻意抽离了被抽象化的现实，他想看看在抛弃了宏大叙事之后，策展人能够做些什么。用他的话说，这是一种艺术结构之内的“完形”。

同年，紧随“肉身：恐怖谷”其后，杨紫与刘辛夷、韩馨逸联合策划了展览“密室”。在这个项目中，写作者、策展人杨紫和韩馨逸以艺术家的身份参与其中，而艺术家刘辛夷则撰写了整个项目的文本，担任了策展人的角色。杨紫创作了一件讲述自身经验的无名录像作品。许多年前，他曾在一个有关“出柜”题材的纪录片中接受采访。在这件作品中，他在回放这些录像时将自己在重听采访问题时的表情拍摄下来，让一些个人化、较沉重的回忆在同一个人的生命经历中再次浮现出来并展示给观众。在接受采访近十年之后，杨紫在作品中闪烁的眼神仿佛流露出某种怀疑。展览“密室”舞台化地塑造了一个在当时大城市清理低收入人群的背景下，一群异见分子生活、工作的场所。“密室”项目在2016年展出之后，时隔两年又受邀参加了首届“Hyundai Blue Prize”的“Creativity”奖获得者李佳的获奖展“漂流”。发起和参加这个项目昭示出杨紫将“肉身：恐怖谷”中局限在艺术生产过程之内的范围扩大到介入社会生活的意图，尽管他的视角依然是反省的。

姜争、谢淼、“例外状态”

2017年，“肉身：恐怖谷”中的两位艺术家姜争和谢淼几乎同时邀请杨紫担任自己个展的策展人。当时在UCCA负责出版物编纂的杨紫接受了他们的邀请。能够和好朋友一起讨论方案、一起布展、一起成长对杨紫而言是一个非常令人兴奋的学习过程。杨紫具体的策展方法是：结合之前作品和展览需要展出作品对艺术家的成长轨迹进行分析，观察他们在创作中的状态，进而将其成长轨迹和创作状态总结出来，让观众更好地理解他们和他们的作品。姜峥的个展以“过午”（POST MERIDIEM）为标题，暗示出午后慵懒、蒙昧的阳光以及习武之人充满能量的生命状态。杨紫认为姜峥绘画中那种通过练习武术进行自我发现的气质看起来很像当代西方绘画，但是其实艺术家的创作方法与中国山水画的创作方法类似——以几近抽象的笔法描绘一种自然有机体的呼吸。谢炎的个展标题“伏尔加河上的纤夫”（BARGE HAULERS ON THE VOLGA）直接来自列宾（Ilya Repin）那幅中国人耳熟能详的巡回展览画派代表作。借此题目，谢炎把自己视为一位劳动者——这也是艺术家在与策展人反复讨论时强调的一个立场。但是，几年之后，杨紫开始反思这个项目的主题，他认为谢炎的雕塑、绘画、装置作品其实与本体语言相关，如果展览的思路向“古典主义气质与当代视觉经验”靠拢，可能会更好地展示艺术家和作品。当时，相对缺乏经验的杨紫的一个想法是在策划艺术家个展时，策展人应该后退。现在看来，如果重新做这个展览，他一定会和艺术家进行更多的沟通和交流并建立一种真正平衡的关系。策展人与艺术家在共同工作时往往会产生比较艰难的磨合，但是前提一定是双方对艺术的真诚态度。因此，无论个展还是群展，杨紫选择合作的都是能够与之产生认同和共鸣、创作“较真儿”的年轻艺术家。在他看来，艺术圈的迭代使得游戏规则不断变化，致使一个不愿意将大部分精力放在社群组织上的策展人也可以有一定的生存空间。他认为，在当代资本化的运行逻辑中，当代艺术是一个很小很小的“行业”，没有大名大利，兴趣是维系个人实践的关键。

在姜峥和谢炎的个展之前，杨紫还参与了一个群展“例外状态：中国境况与艺术考察2017”（THE NEW NORMAL: CHINA, ART AND 2017）的策划。2017年3月，UCCA前途未卜，很多人选择离开。同时UCCA有四年做一个大型群展的惯例[1]，又正好走到第十个年头，选择留下的几位年轻策展人受到田霏宇的委任一起策划了这个展览。田霏宇、郭希、李佳桓、王文菲、杨紫各自提名了几位艺术家，大家在很短的时间里开列了一份由二十三位中外艺术家组成的名单。这次策展的概念和方向都是馆长基于国际政治的现实和美术馆面临的挑战提出的，每个人都抱着在危急时刻齐心协力的心态，努力把这件事情做好。

图像学（Iconology）

2018年，杨紫策划了一个十三位艺术家参加的群展“PITY PARTY”（同情派对），开始进一步探索如何通过图像学把自己感受的现实裹挟进展览之中。他去纽约的廉价派对超市购买了很多派对用品，然后将展览场地SLEEPCENTER（华埠空间）的展览空间布置成一个破败的派对现场。展览中的作品全部是录像。展览之前整个一年，杨紫都在思考图像的象征性问题——欧美的抽象艺术背后有一套讲究纯粹形式语言的逻辑，但这在中国形而上学不够发达的土壤中是从没有过的，因此，大家如何解读图像，尤其是那些看起来“抽象”的图像的象征性就变成一件非常值得玩味的事情。

潘诺夫斯基（Erwin Panofsky）的现代图像学可以追溯到很早就已经出现的图像分析传统。比如源自欧洲的“纹章学”（Heraldry）就是以研究纹章、徽纹、袍徽图案的象征意义为目的的。在《大开本海德堡歌

1 “例外状态：中国境况与艺术考察”延续了UCCA四年做一个大型群展的惯例，前两个分别是2009年的“中坚：新世纪中国艺术的八个关键形象”和2013年的“ON | OFF：中国年轻艺术家的观念与实践”。

篇手稿》（Grosse Heidelberger Liederhandschrift）中，一个姓氏为“von Schwangau”（可直译为“来自天鹅区的人”）的领地主会使用天鹅作为象征自己的图案。又比如波提切利的《春》中各种各样的花——车前草、款冬、琉璃苣、风信子、鸢尾、长春花、雏菊均有各自不同的象征意义，开满白花的橘子树也是如此——橘子既有健康的寓意，又与委托人所属的美第奇家族徽章上的圆球相似。在潘诺夫斯基的图像学研究中有一个十分精彩的案例就是对丢勒《忧郁I》的诠释。长久以来，学界对这幅画的寓意颇有争议。潘诺夫斯基通过文献资料的研究解开了这个谜题，即这幅画是占星学、几何学以及哲学史中对忧郁的认识（比如“四气质说”理论）等概念混合的产物。在当下的时代，杨紫认为图像在具有图像学象征性的同时，又具有超链接性——每种象征意义的形成都经历了漫长的历史，在全球化之后，经历不同文化的冲撞、混合和转译，不同民族潜意识中的精神面貌和性格特质逐渐被揭示出来。它是可以超越我们的直观感受、带有多重文化意味并不断被积淀的。当观众打开脑洞、屏气凝神地观看一个图像时，也许可以层层叠加一个图像的指向。在“PITY PARTY”中，作品以及空间装饰的象征指向都产生了这种象征意义的重叠。

在这个阶段，杨紫开始担任 UCCA 的策展人。同时，在图像学之外，他又展开了另一个话题的研究以充实图像学的思考框架。20 世纪 90 年代，全国许多出版社和印刷厂出版了很多寓意吉祥的画片、挂历或海报，内容是传统民俗艺术中常见的题材，却以社会主义现实主义的写实画法面貌示人，与传统的年画有很大区别，成为一种大众喜闻乐见的装饰艺术。与此同时，《新白娘子传奇》（1992）和《葫芦兄弟》（1986）这种风格魔幻的电视剧、动画片也通过电视广泛传播。民间故事、神话传说一直保持着强大的、野生的生命力，在 20 世纪 80、90 年代社会意识相对开放的时候，又通过与流行文化的结合获得了重生。这些叙事往往站在政治宣教以外的立场之上——他们宣扬着民间的寄望，譬如渴求侠义的庇护、平安富贵以及得到不受封建伦理约束的爱情。由于民俗学或神话学一直不是显学，在儒道佛等正统之外存在，其中一些与统治思想抵牾。杨紫开始试图在研究和策展中将图像学与民俗学、神话学结合起来。

民俗、神话与误读

杨紫将民俗、神话与图像的研究转化到策展工作中的一个近期案例是 2019 年的群展“敢当：当代神石注疏”（LAND OF THE LUSTROUS）。2018 年，UCCA 在秦皇岛北戴河阿那亚社区开设了新馆沙丘美术馆。在新馆首展[1]筹备阶段，田霏宇提议第二个展览由杨紫来策划。杨紫在思考展览主题期间正在阅读台湾学者陈怀恩的《图像学：视觉艺术的意义与解释》。作者在书中将古今中外与图像学相关的学说系统地整合起来，对图像的历史进行横向比较。同时，近些年来图像学方法在中国古代绘画研究中的运用引起了杨紫的兴趣。作为对当代视觉研究的链接，在结构主义哲学的语言转向之后，米切尔（W. J. T. Mitchell）及其追随者提出了“图像转向”的概念。这些学者认为图像在学术研究的广阔领域中成了图像所指代的其他事物的模式和喻形（figure），本身具有一种任意性。这一转向与广告时代的大量图像生产有关。

此外，杨紫在阅读中开始对石敢当的传说产生了兴趣。石头，在民俗与神话中始终扮演着重要的角色，其象征性体现在华夏民族的创世神话和少数民族的石头崇拜中，也体现在古典名著中（见朱迪光的文章《神

1 “后自然：UCCA 沙丘美术馆开幕展”，艺术家：李山、梁绍基、刘雨佳、娜布其、杨心广、杨沛铿、于吉、郑波、庄辉 & 旦儿，2018 年 10 月 13 日—2019 年 3 月 10 日，UCCA 沙丘美术馆，秦皇岛

石原型与中国三大名著》）。凡此种种的民俗与神话故事，正是杨紫对20世纪90年代的文化想象中关于自由气息的鲜活体验。他在每天往返家与UCCA的通勤地铁上看到一家制作假山石的石厂，突然想到可以围绕石头这个主题做做文章。他开始收集与石头有关的古代神话，考虑哪些艺术家的创作可能与这些故事产生联系。比如朱格尔·安赫尔·里奥斯（Miquel Angel Rios）的录像作品，艺术家用石子和混凝土做了三千个圆形白石，从山坡上滚下去，让人联想到秦始皇用赶山鞭为自己筑石桥的传说，通过误读，杨紫在作品与传说之间找到了一种惊人的巧合。

杨紫说："初看展览时大家会产生策展人以'石头'为主题堆砌展览的印象，不过如果仔细看就会发现这其实是一场关于观念误读的展览。"他制作了一本小册子介绍神话与作品之间的联系，中间穿插的文字是一些理论家、艺术家对形似之物误读的认识。其中包裹着这样一句潘诺夫斯基的话："公元2500年，当人类对亚当与夏娃的故事已经相当陌生的时候，如果有谁把米开朗基罗在西斯廷教堂天顶所画的《失乐园》理解成《草地上的午餐》，恐怕也没有人能够提出反驳！"由于误读的存在，图像的意义本身就发展出一个持续开放的系统，杨紫试图让他的展览具有这种"穿越"的气质。关于展览的副标题，他解释说"注疏"的意思就是注释，就是说在这个展览中作品、神话、文字以及相关的联想与想象都是互为注释的，没有一个所谓正确的答案。

"敢当：当代神石注疏"开幕三天之后，杨紫策划的伍伟个展"龙伯"（THE GIGANTIC: WU WEI）在柏林户尔空间开幕。策展人与艺术家合作，试图在展览中通过工业的形式、材料以及民俗、神话的造句构建出一种抽象图像的象征系统。对杨紫而言，这也是一个关于"图像转向"的展览。在杨紫看来，这个展览特别适合放在一个经历过现代主义艺术洗礼的城市展出——一位具备艺术知识背景的观众在观看这个展览时，会产生对伍伟作品的误读，认为这是一场没有叙事的、“为艺术而艺术”的展览。杨紫认为，一方面，中西双方都无法实现绝对意义上的相互理解，另一方面，误解又总是交流的序曲。他觉得自己在这个展览中的工作就是强化伍伟个展中的象征性，并以此为基础提出了很多布展的意见：比如在展厅入口摆放了与作品零件相关的单词，观众可以从中造出展览想说的句子；在第一个展厅摆放了一件像门一样的作品，四个窗户与四幅画一一对应，等等。待到整个展厅形成一个环环相扣的象征系统，“龙伯”中的作品便立体起来。

主要策展项目

2015

【群展】“PAPAPA：泡泡纸再见”，策展人：乌云装扮者、杨紫，合作者：韩馨逸，艺术家：渺渺、瑶瑶、薇薇、lithium（锂）、刘嫣冰冰冰•.•、季雨清等，2015 年 9 月 9 日 19:00—21:00，空间站，北京

【群展】“昧”，策展人：杨紫，艺术家：蒋志、陶辉、王满、戴陈连，2015 年 9 月 17 日—2015 年 9 月 20 日，圣点空间，北京

2016

【群展】“出了广东的鸡不是鸡”，策展人：杨紫，艺术家：3d group（3d 小姐），展期：2016 年 7 月 3 日—2016 年 8 月 18 日，REFORMERart（重整器艺术），上海

【群展】“肉身：恐怖谷”，策展人：杨紫，艺术家：姜铮、李琦、沈阳超、孙文浩、王墒、谢燚、张如怡，2016 年 7 月 16 日—2016 年 9 月 4 日，亚洲艺术中心，上海

【群展】“密室”，策展人、艺术家：韩馨逸、刘辛夷、杨紫，2016 年 10 月 8 日—2016 年 11 月 12 日，上午艺术空间，上海

2017

【群展】“例外状态：中国境况与艺术考察 2017”，策展人：田霏宇、郭希、杨紫、李佳桓、王文菲，艺术家：陈陈陈、崔洁、高磊、郭熙、陆明龙（Lawrence Lek）、李竞雄、李琦、梁半、廖斐、连洁与恩佐·卡马乔（Amy Lien & Enzo Camacho）、刘野夫、麻剑锋、马海蛟、索菲亚·艾-玛丽亚（Sophia Al-Maria）、苗颖、马克斯·霍珀·施耐德（Max Hooper Schneider）、沈莘、曾吴（Tsang Wu）、王光旭、谢蓝天（Lantian Xie）、姚清妹、张如怡、朱昶全，2017 年 3 月 19 日—2017 年 7 月 9 日，UCCA，北京

【个展】“过午：姜铮”，策展人：杨紫，艺术家：姜铮，2017 年 5 月 13 日—2017 年 6 月 25 日，亚洲艺术中心，上海

【个展】“伏尔加河上的纤夫：谢燚”，策展人：杨紫，艺术家：谢燚，2017 年 5 月 27 日—2017 年 7 月 9 日，J: GALLERY（J：画廊），上海

2018

【个展】“防守：蔡泽滨”，策展人：杨紫，艺术家：蔡泽滨，2018 年 3 月 17 日—2018 年 4 月 26 日，胶囊上海，上海

【群展】“PITY PARTY”，策展人：杨紫，艺术家：宾冰、曹澍、曹子林、崔绍翰、高源、耿建翌、黄晶莹、李明、李琦、李然、李维伊、唐潮、朱昶全，2018 年 4 月 13 日—2018 年 5 月 4 日，SLEEPCENTER，纽约

2019

【个展】“一个动作的历史，2019：朱昶全”，策展人：杨紫，艺术家：朱昶全，2019 年 3 月 24 日—2019 年 9 月 7 日，美狮美高梅视博广场，澳门

【群展】“敢当：当代神石注疏”，策展人：杨紫，艺术家：陆平原、李维伊、林穴、朱格尔·安赫尔·里奥斯、王思顺、王晓曲、铁木尔·斯琴、谢素梅（Su-Mei Tse）、鄢醒、赵要，2019年4月23日—2019年9月8日，UCCA沙丘美术馆，秦皇岛

【个展】“龙伯：伍伟”，策展人：杨紫，艺术家：伍伟，2019 年 4 月 26 日—2019 年 6 月 15 日，户尔空间，柏林

张思锐

作为作者的策展人

天气状况	多云 / 多云
气　　温	32℃ /21℃
风力风向	东南风 1~2 级 / 东南风 1~2 级
采访时间	2019 年 6 月 21 日星期五，14:00—17:00
采访地点	三远当代艺术中心，北京朝阳区酒仙桥路 2 号 798 艺术区 706 北三街

张思锐在《艺术论坛》中文网（Artforum.com.cn）工作，曾任市场总监，现任副出版人。一个夏季午后，我们和她约好在798艺术区的三远当代艺术中心见面，这家艺术机构的空间是她早年参与改造的，而她策划的新展“忘忧草：考古女性时间”将在三个月之后开幕。在她看来，做出版人、建筑师和策展人有很多相似之处，都需要通过整合各方资源促成一个相对具体的结果。

建筑学

建筑师是张思锐中学时代梦想的职业。因为个人兴趣，她从小就学画画，但是因为同时也在学着奥林匹克数学，中学就顺理成章地进了特别重视数学的实验班。在考大学选专业之前，张思锐对自己做了一个评估，她很单纯地觉得如果学建筑，既可以重拾天马行空的美术，同时又不至于辜负自己经过多年训练的理科基础。

进入大学之后，张思锐逐渐发现建筑学科的教育现实与自己的想象颇有出入：一方面这个学科和她概念中的美术和理科都没有什么紧密的关联，另一方面学校里的课程是一种自我完善的范式，也少有空间允许自我发展。2006 年前后，互联网上的信息已经很容易被获取，大家很容易看到世界上其他地方关于建筑的讨论已经完全是另一个样子，但是学校的课程依然维持在一个几十年前发展出来的体系框架中，更多情况下关心的是能否完成一个技术要求，而较少训练对学科的边界和未来的想象。出于想要理解这个现实的目的，她的兴趣点慢慢开始转向偏向研究性的工作，直到后来把重心放在了建筑史研究上。另一个转向建筑史研究的重要原因是她觉得自己不适合集体工作。设计课中临时结成的松散工作团队很难有效率地推进工作，尤其是当团队中每个人关心的问题不一样时，很多精力就会消耗在特别琐碎而且循环往复的讨论中。当然建筑史研究中也有很多集体工作，但是那种集体工作更多的是在前期，比如大家在一起做基地调研、收集一手材料、对一些共同关注的问题做一些讨论，真正的深度思考和写作相对来说是非常个人化的。相反，设计工作必须是集体工作，开始团队中每个人都要提出一个概念，但是随着时间的推进，最后只有其中一个可以得到深化，现实工作尤其如此。在方案逐渐细化直到完成的过程中，很多时间都花在了烦琐而且重复的劳动上——虽然这些劳动有着不言而喻的意义，但是出于更想安静思考的个人选择，张思锐最终选择了研究性工作。

在申请美国研究生时，她想继续做与中国建筑史有关的研究，但是发现中国建筑史的研究在很多大学都发生在东亚系里，更多的是把“中国建筑”当成一种研究对象，而并不是讨论某种研究方法和思维方式，因此最终舍弃了对研究“中国建筑”的执着，选择了哥伦比亚大学建筑、规划与历史保护研究生院的建筑批评、策展与概念实践（Critical, Curatorial and Conceptual Practices in Architecture）项目。这个 2009 年在建筑学院中新设立的项目的缩写是 CCCP，和苏维埃社会主义共和国联盟的俄文缩写一模一样，仿佛隐晦地透露出这个项目颇具幽默感的策划味道。

CCCP

哥伦比亚大学建筑、规划与历史保护研究生院的建筑批评、策展与概念实践项目的名字长度惊人，涵盖的跨度看似很广，乍一看似乎很难理解到底要学什么和做什么，但是“批评”“策展”“概念”“实践”四个关键词的英文缩写 CCCP 似乎可以告诉我们这个项目的核心。张思锐认为，这个项目针对的领域和知识不是一个完成的体系，而是正在发生中的事物的混合体，也是不同于已经存在的学科划分可以用一个简单的词来说明的东西。在两年的学习中，课程、研讨班以及最终的毕业创作让每个人都用自己的形式和方法去探讨并完成自己对这个项目在建筑学科以及更广泛语境中的定义。毕业创作的形式可以自己选择，可以是写一本小书、做一本杂志、做一个展览、设计一个机构等，这最终也影响了很多人的职业选择。

在研究生学习的第一年中，张思锐仍然试图关心“中国建筑如何现代化”的问题，一方面是想以此为研究对象，另一方面也是想重新理解“中国建筑”的定义是什么。她通过学习慢慢发现，“中国建筑”是一个晚近才被发明出来的历史复杂、界限暧昧的概念，在当下中国的语境中“现代化”的概念也有类似的情况。做与之相关的工作，一方面需要更扎实的知识，另一方面则需要更多的时间和经验，于是在第二年尤其是最后的毕业创作阶段，她开始把注意力放在身边朋友的“身份认同”问题上，具体来说就是关注在纽约的中国年轻艺术家群体。这虽然看似跟建筑基本没什么关系，但是却反而印证了任何事物都可以和建筑、城市发生关系的假设。最后的成果是一本小书——现在回想起来这些事似乎冥冥之中都指向现在她与媒体出版有关的工作。书中记录了在纽约这个城市里发生的许多人和事。张思锐和几位朋友曾坐在纽约充满异国风情的韩国城聊天。大家有的还在上学，有的已经毕业，身在异国他乡，自然而然地聊起了身份认同的问题。其中有一位来自台湾的朋友说起他们的中学课本里有一篇文章叫《失根的兰花》，大意是文章的作者 20 世纪 50 年代末在美国宾夕法尼亚州立大学留学，通过看花想起宋末画家郑思肖画的无根墨兰，并感叹自己丧失了祖国和家乡的给养就像失根的兰花。在座的大陆朋友竟然都没有听说过这篇文章，后来张思锐查了一下才知道，文章作者的名字叫陈之藩，是直隶（今河北）人，1948 年毕业于北洋大学（天津大学的前身），不仅是自己的同乡，而且是自己的校友。在美国听到这样一个故事，真有点儿时空错乱的意思。如果说那本讨论身份认同的小书与建筑有关的话，就是在寓言制造的时空这个层面上与建筑和城市发生了关联。

在美国读研期间，除了毕业创作，张思锐还做了两件与 CCCP 有关的事，她试着做了一个展览和一个公众号。张思锐利用学校的一间教室策划了一个展览“无限 115”（INFINITE 115），展览的结构其实特别简单，就是在一个空间中放置了一件艺术家苗晶和刘唱的影像作品，展览只持续了短短一天。其中大部分所谓的策展工作也是实践性、事务性的，没有太多理论思考。2013 年底至 2014 年初，微信朋友圈正是火热发展的时候，她也尝试做了一个微信公众号叫“作为容器的建筑”，大概的意思是建筑是一种知识体系而不是一类物体、一门技术或者一个行业，可以被用来解释很多不同的事物。这个公众号最初发了一些短小的文章，也整理分享了一些图片，讨论了一些不太容易直接用建筑知识解释的艺术和科技创作。在尝试的过程中，她渐渐发现即便初衷是从建筑学科的角度去理解这些作品，关心的也是建筑概念，但是在寻找观察对象的过程中就难免会与艺术发生更多的接触，因此对艺术和建筑的看法都在慢慢改变。出于将这些想法传播出去的目的，编写公众号内容的过程也成为一种与学校系统中论文写作不一样的写作练习，即在某种程度上需要把那些自我神秘化的专业术语翻译成更简单的语言。这些相关思考一直延续到她后来在《艺术论坛》中文网的工作中，也成为她最终进入艺术行业工作的一个契机，但是运营公众号的工作却由于种种原因没有持续下去。

几种尝试

张思锐研究生毕业之后在纽约短暂地工作了一年，之后回国。在思考未来计划的同时，她一方面在天津开始参加一个非营利机构再生空间计划的活动，另一方面也在北京做了一个旧建筑改造的项目。

2012 年，李泊岩在天津发起了再生空间计划。2015 年刚刚回国的张思锐加入由李泊岩、任瀚、付帅、卢正昕组成的这个团队。经过差不多三年在废墟中进行的密集展览活动，再生空间计划当时处在一个阶段性总结的时期。以此为契机，张思锐和任瀚一起编辑了一本关于再生空间过去几年工作的小书。小书中除再生空间过去几年工作的图片记录之外，还有策展人张涵露、建筑遗产保护师冯立、艺术家朱文琪和建筑师毛小云关于过往活动的写作。与此同时，再生空间计划的活动也从早期的展览性质慢慢向讨论会的性质转变，目的是通过对以前创作的回顾来梳理在创作过程中产生的思考和话语。

三远当代艺术中心的空间改造同样发生在 2015 年。这一年三远当代艺术中心从天津迁往北京，并在 798 艺术区租下了一座厂房建筑。这个改造的工作与建筑和艺术都关系密切，是张思锐感兴趣的项目。而且在她看来自己做这样的项目有一定的优势，因为大多数建筑师都难以深入了解画廊的空间需求，建筑师最擅长的方式方法对画廊空间来说可能太紧张了，其实轻松灵活的设计反而更能戳到痛处。方案最主要的一个出发点就是把原来的厂房空间改造成适合画廊展览的尺度，让人把注意力更多地集中在作品上，当然这是一种比较庸俗的描述，绝不是一个特别吸引眼球的概念，但是在实际项目中往往比较有效。她通过调研发现十米到十二米见方是比较合适的展厅大小，所以就在这个 30m × 15m 的厂房建筑中插入了两个十米见方的白盒子，然后借助错位保留、显露了一些老的厂房痕迹，让内部的白盒子和外部充满历史记忆的园区不至于完全割裂。

在参与这两个项目的同时，张思锐还尝试参与了哥伦比亚大学在北京设计周的展览协调工作。这些尝试之后，尽管做了一些有趣的项目，她还是觉得自己并没有做好成为独立策展人或建筑师的准备，后来通过在纽约认识的朋友刘倩兮的介绍加入《艺术论坛》中文网的团队，负责市场方面的工作。在这个扎实的平台经过三年半的积累，她刚刚成为《艺术论坛》中文网的副出版人。在她看来，做出版人和做建筑师、策展人在某种程度上是相似的，就是需要在一定的框架中组织各种各样的资源，然后将之整合在一起并进行有效利用。

新展：“忘忧草：考古女性时间”（FORGET SORROW GRASS: AN ARCHAEOLOGY OF FEMININE TIME）

2019 年新展“忘忧草：考古女性时间”最初的起因是张思锐刚刚回到北京的时候常常与三五好友聚在一起讨论与女权有关的问题，其中就有这次合作的吴建儒。有一段时间，还在《艺术界 LEAP》杂志工作的吴建儒正在筹备一个关于家庭的专题，她跟张思锐约了相关的稿件，后来杂志面临转型，这个专题就没有最终实现，不过材料收集和交流讨论都已经发生了。在这样的基础上，吴建儒和张思锐一起做了一个展览方案，尽管这个展览计划也没有很快实现，但是两人却一直在围绕这个问题进行思考。2018 年底，这个展览通过了广东时代美术馆的评审，进入了美术馆 2019—2020 年的两年计划中，已经被安排在 2019 年 9 月开展。目前十四位参展艺术家的名单已经基本确定，策展人正在与参与委任创作的艺术家落实具体方案、与国外艺术家解决作品运输的问题、与建筑师商量展览的设计方案。张思锐与吴建儒为这个展览挑选了亲密关系、女性时间、情感劳动、性别气质、生命政治、童年创伤、酷儿理论、风水、自我教育、日常生活、口述历史、人工智能十二个关键词，并制作成精美的书签散布在展厅之中，帮助观众更好地了解展览。除此之外，她们还为展览设计了一个公共项目“打开盒子：一间自己的房间”（OPEN UP THE BOX: A ROOM OF ONE’S OWN），这一项目的名字引自弗吉尼亚 · 伍尔夫（Virginia Woolf）1929 年出版的那本女性主义批评的奠基之作，是一个分享的房间，通过策展人、艺术家和美术馆共同挑选推荐的出版物、影像、声音以及展览前期研究的资料呈现更多展览背后的信息，一系列对话、研讨、工作坊等周边活动也将在此发生。

“忘忧草”这个名字来自一位中年妇女的微信名字，因为两位策展人最开始观察的目标人群就是自己妈妈那一代。当这个名字突然出现在交流讨论中的时候，她们就觉得其中可以诠释的空间特别丰富，两人都认为这个名字恰如其分地表达了一种内在矛盾：一方面是这个名字的主人有忧愁——无论这个忧愁来自社会环境还是个人遭遇，另一方面则是那一代人有一种忘掉忧愁的内在需求，这两方面的挤压特别好地描述了当代妇女个人和社会的精神状态。这个充满诠释空间的名字也收到了艺术家的积极反馈。关于策展人与艺术家的关系，张思锐认为自己不太喜欢强硬快速的策展方式，比如直接把艺术家的作品投掷在一个充满关键词的展览里。她认为，策展是一个长时间沟通的过程，艺术家应该在这个过程中拥有最大限度的自由。策展人也应该积极主动地回应艺术家的表达和需求，当艺术家提供一些选项时，策展人需要针对展览做出最有效的判断。同时，每位艺术家的每件作品其实都有很多面向，那么怎样找到一个能够与展览发生关系的面向也是策展人需要思考的问题。

写作和翻译是策展工作中一个非常重要的组成部分。张思锐和吴建儒为“忘忧草：考古女性时间”这个展览计划了一本中等体量的画册。在撰写画册中的作品介绍时有很多具体的翻译工作。描述和阐释当代艺术的语言常常具有多重含义，许多作品的名称都使用了双关语，这些双关语也往往和艺术家所在的文化环境中的一些常识有关，在被翻译成中文的时候往往需要译者凭借想象力重新造词。策展文章需要处理文化翻译的问题，将在不同语境中面对不同现实的作品通过一种可以达成共识的语言串连起来。画册除常规的文字、作品介绍、艺术家介绍之外，还委任了其中三位参展艺术家进行图片散文（photo essay）的创作，目的是稀释密集的文字，同时为作品提供另一个层面的表达空间。

作为作者的策展人

在自己策划展览的同时，张思锐也在试着做一些作品。李佳2018年在泰康空间策划的展览“制性造别”（GENDERS ENGENDER）[1]中有一件张思锐的作品，是一本关于卫生间的小书。在这本书中，她拍摄了一组家庭卫生间中布置的各种物品，并在照片上写下了对卫生间中每一个物品的批注。对比“忘忧草：考古女性时间”与“制性造别”，张思锐觉得这两个展览都与北京的好友对女权问题的共同关心有关，尽管两个展的展览方法和表达完全不同。“制性造别”中纳入了很多社会实践的工作，比如联合公告、写母亲工作组的社会实践文献，而“忘忧草：考古女性时间”则更注重一些抽象观念的呈现。卫生间是她在学习建筑设计时就开始关心的一个与性别有关的议题。在建筑设计中，尤其是公共建筑设计中，男性和女性卫生间的使用面积常常不相上下，但是因为社会习惯和生理构造诸多复杂原因的叠加，男性卫生间的容量一般情况下都比女性要多一些。而在家庭空间中，家庭成员共用的卫生间空间的设计和布置中其实暗藏了很多关于性别政治的问题。这样的问题，如果用一个相对严谨的研究去表达，一方面能接触到的读者有限，另一方面则难以引起共情，毕竟作者的经验需要被提炼成文字以后再重新被读者的经

---

1 “制性造别”，策展人：李佳，艺术家：黄静远、李爽、联合公告、马秋莎、覃小诗、山河跳！、写母亲工作组、张然、张思锐，空间策划：李巨川，阅读策划：折叠的房间，2018 年 3 月 22 日—2018 年 5 月 19 日，泰康空间，北京

验和想象还原成文字。通过影像、文字和书这样的载体，在某种程度上可以将观察方式和经验迅速地传达出去。这是她在进行设计、策展、写作、翻译之外，希望尝试探索的一种新的创作方式。对她来说，这些创作有一种相似之处，就是它们都要求一种主动的写作，因此她现在更愿意把自己的身份定位成一个“作者”（author）。接下来在2019年末，她还要参与广州扉美术馆的“无界建筑季”以及广州黄边站研究创作计划，继续进行创作。

对张思锐来说，她做的很多工作都有相似之处，做出版、建筑设计、展览策划，因为需要在复杂的现实中解决很多实际问题并积极调动手中有限的资源才能拨云见日。在做过“忘忧草：考古女性时间”这个展览之后，她对自己策展人的身份又有了一些新的认识。她发现，当自己有足够的能量把思考贯穿在整个实际操作过程中时，即便是面对一个相对较大的项目，需要各种各样的团队合作，自己作为“作者”的身份依然可能维持，因此在未来合适的时间她愿意继续进行一些策展的实践。同时，直接作为“作者”的相对简单的个人写作和翻译工作，她也会一直进行下去。

主要策展项目

2014

【个展】“无限 115”，策展人：张思锐，艺术家：苗晶、刘唱，2014 年 4 月 26 日，哥伦比亚大学建筑、规划与历史保护研究生院，纽约

【个展】“科学恋物癖博物馆”，策展人：刘张铂泷、张思锐，艺术家：刘张铂泷，2015 年 9 月 26 日—2015 年 10 月 21 日，琨廷实验艺术中心，北京

2019

【群展】“忘忧草：考古女性时间”，策展人：吴建儒、张思锐，艺术家：陈泳因、张怡、赛西尔 · B.埃文斯（Cécile B. Evans）、范加、何恩怀、许哲瑜、马秋莎、艾德 · 米诺里提（Ad Minoliti）、彭奕轩、罗丝 · 萨拉恩（Rose Salane）、笹本晃（Aki Sasamoto）、工拓、张晓刚、施昀佑+子杰，2019年9月14日—2019年11月17日，广东时代美术馆，广州

李　佳

替代性精神正在为这个世界继续供给着氧气

天气状况	多云 / 晴
气　　温	35℃ /23℃
风力风向	西北风 4~5 级 / 西北风 4~5 级
采访时间	2019 年 6 月 29 日星期六，14:30—17:30
采访地点	泰康空间，北京市朝阳区崔各庄乡草场地红 1 号 B2

2019年刚刚过半，北京正经历着一个多雨的夏天，我们在一个午后前往草场地艺术区采访了李佳。就在两天前，泰康空间的新展“替代空间的替代生命”开幕。平均两个月一个新展，这样的频率也许只有泰康空间的策展团队可以做到。李佳是该空间的高级策展人，本次展览涉及的替代空间以及年轻艺术家、策展人和性别等话题，是她近些年来工作的主要方向。

独立的年轻人

李佳大学学的是法学，进入策展人行业等于转行，但这两个行业都有一个共同的特点，那就是对理想主义有着特殊的信奉。2005 年左右，李佳开始学习艺术史，当时 798 艺术区已经初具规模，当代艺术展览频繁面世。2007 年，尤伦斯当代艺术中心这些大机构进入 798 艺术区，达到当代艺术面向公众开放的峰值。不过对大多数年轻人来说，策展人这个角色似乎离得还很遥远，尤其是年轻策展人。那时当代艺术还不是学院体系中比较重要的部分，因此很多喜欢当代艺术的年轻人都顺理成章地选择去媒体或者商业画廊这样的地方工作。李佳在佩斯画廊（北京）工作了三年（2012—2014），渐渐接触到了专业的策展工作。那时佩斯画廊（北京）的艺术家经常参加比较重要的国际展览，比如威尼斯双年展的中国馆和主题馆以及卡塞尔文献展，李佳在帮助他们准备相关材料、进行项目对接、解决语言问题的过程中，可以从一个侧面了解策展的工作性质。同时，她也在想这些国际展览其实是在欧美那样的文化语境中慢慢成长起来的，那么在国内这样的文化语境中，当代艺术的展览应该是什么样的呢？

2015 年，李佳进入泰康空间。恰恰是在这一年，国内艺术圈开始有了一些变化，一批非常年轻的艺术从业者从国外回来了，而原来在艺术机构和媒体工作的年轻人纷纷独立出来，通过一种不因循成规的方式去做策展工作。但是，当时的艺术机构可以为年轻人提供的机会依旧不多。

在李佳看来，泰康空间刚刚开幕的展览“替代空间的替代生命”（OTHER LIVES OF THE ALTERNATIVE SPACES）呈现的就是 2015 年前后那一批年轻人的工作形态。他们在胡同平房或者公寓中策展，虽然空间很小，但呈现的格局是开放的，这里没有什么前辈或者难得一见的大艺术家，而是一种新的潮流在悄然汇聚。

在 2015 年到 2019 年的四年时间里，这些小型空间展览作为一股健康的力量，加入当代艺术的图景中。那时提到“策展”，人们想到的往往是一些大项目，国家级美术馆、美术学院美术馆，或者跟资本关系紧密的艺术机构，策展人往往会是一位有名的前辈。但现在，年轻策展人开始通过点滴的实践，慢慢地松动着展览和策展的边界，他们可以自己决定策划一个什么样的展览，自己选择艺术家，而且多数是非商业性的展览。无论像李佳一样选择在机构工作，或是保持一种独立身份，他们都认为最宝贵的就是去接触更多不同的艺术生态。这也包括那些在媒体工作或者以写作为主的艺术从业者，他们在观察与实践之间追寻艺术思潮的变化，使“策展”这个行为具有了更多的探索意义。从商业画廊到非营利机构，李佳的个人转向也在其中。她和许多年轻艺术家、策展人一样，亲身体认到了这种探索的蝶变过程。

艺术家

“白求恩：英雄与摄影的成长”（NORMAN BETHUNE: COEVOLUTION OF HERO AND PHOTOGRAPHY）闭幕之后、“纯政会：纯政办十周年”（POLIT-SHEER-FORM MEETING: THE 10TH ANNIVERSARY OF POLIT-SHEER-FORM）开幕之前，一批刚刚从英国回来的艺术家、策展人、写作者希望在泰康空间做一个茶话会，大家交流一下自己在做什么。当然，这里有一个背景就是泰康空间自 2009 年起就有一个品牌项目“51 平方”。项目中的 80 后艺术家在几乎没有生存空间的情况下，泰康空间给了他们一个小空间，让他们能够第一次进入机构发出自己的声音。这个项目连续举办了十六场个展，这些艺术家也逐渐成为一股中坚力量。“51 平方”项目由于种种原因在 2011 年暂时结束。就在 2015 年的那次联谊活动中，李佳发现他们真的是一股不可忽视的力量，和以前那种完全依靠体制或者一个现成平台做的东西不同，他们选择了勇往直前、自力更生的工作方式。这件事之后李佳认为，应该继续“51 平方”的线索，重启曾经昙花一现的“日光亭”，把泰康空间开放给年轻策展人。这样就有了之后的“日光亭”项目和“泰康新生代策展人”项目。

早在2012年，泰康空间就在二层的小展厅设立了一个长期的项目空间“日光亭”，但是仅仅经过三次展览就在2013年暂时停止了。2016年，“日光亭”项目（LIGHT PAVILION PROJECT）正式重启，李佳还是有一点儿担心，比如年轻艺术家可能会被市场迅速地商业化。她的想法是：尽力帮助他们在一个非商业的环境中做自己想做的事，在最生龙活虎的时期做一些最有创造力的东西。在“日光亭”项目再度归来的这个时期，大家一口气做了六场个展。其中郝敬班、梁半和胡庆泰都是1985年生人，他们并不算太年轻，但都属于正式步入成熟期的艺术家，既活跃又缺少一个良性机会去呈现自己完整的创作思路。

六个个展的效果出乎意料的好，这让策展人李佳在策划 2017 年的一个群展和五个个展时，把目光投向了更年轻的艺术家。第一个群展“好画”（GOOD PAITING）中的很多艺术家都是刚刚走出校门的毕业生，超过一半是 90 后。之后的五个个展中，除了杨健算是一位经验比较丰富的艺术家，其他四位都是第一次比较完整的个人呈现，像谭英杰是 1992 年生人，史镇豪是 1989 年生人，郑源是 1988 年生人，赳赳是 1986 年生人。尽管如此，李佳觉得年龄并不是一个特别重要的因素，关键之处在于他们的作品中是不是有那种现在无法判断但是将来可以不断发展的东西。在“日光亭”项目两年十二个展览中，那些和自己年龄相仿或更年轻的艺术家的处境，李佳特别能够感同身受。她和策展团队为每一位艺术家安排访谈和媒体、写新闻稿、做出版物，甚至邀请中央美术学院实验艺术学院的学生来做研讨会，目的其实特别简单，就是帮助每一位艺术家制造一个比较好的开端。这一点不是商业画廊或者其他机构可以做到的。

策展人

与 2016 年和 2017 年的“日光亭”项目穿插进行的是“泰康新生代策展人”项目。2016 年底至 2017 年初，泰康空间邀请了富源、缪子衿、魏颖、姚梦溪四位女性策展人做了第一次尝试。说起这件事，李佳的语速变快了，她觉得国内艺术圈为女性提供的空间不是特别的大，虽然比起其他领域已经好很多了。四位策展人提供的话题敏感、有力度，她们确定了空间分配、空间关系以及“抵抗的涌现”这一主题，“化敌为友”（DISARMING CHARM）、“误入”（MAKE IT WRONG, TILL IT’S RIGHT）、“表象之眼”和“紧急行动”四个单元既相对独立又彼此呼应，通过年轻策展人推动年轻艺术家一起进行着一种“微观政治”的实践。

在展览结束一个月之后趁热打铁，泰康空间又邀请了十四位主要活跃在北京的策展人做了一次“泰康新生代策展人论坛：做谈”。大家在一起进行了主题报告和对话交流，每人提交了一篇文章。展览、论坛和这些文章后来成为李佳编辑的出版物《策展人》（Curator）的主要内容。2017 年底至 2018 年初，泰康团队又邀请了论坛中三位特别有意思的策展人韩馨逸、李贝壳、李泊岩策划了第二次展览“日落将至”。与第一次“四合一”的策展模式不同，这一次是三个人根据一个主题策划了一个展览。

2018年，“日光亭”从年轻艺术家项目变成了年轻策展人项目。这一年做了两期，一期是陈立策划的“今天应该很高兴”（TODAY COULD HAVE BEEN A HAPPY DAY）[1]，一个关于香港最年轻一代艺术家的展览；另一期是缪子矜策划的“登陆舒适区”（THE COMFORT ZONE AT A DISTANCE）[2]，林奥劼、刘辛夷、蒲英玮都参加了这次展览。

当我问起为什么之后“日光亭”和“泰康新生代策展人”项目好像都处于一个暂停状态时，李佳告诉我，其实是因为泰康空间正在面临一个走向美术馆的转型阶段，所以现在急需一个讲座的空间或者一个灵活的沙龙空间。一次活动可能就是一天或者半天，这样通过短平快的方式开放给更多年轻的艺术家和策展人。与此同时，李佳和同事发现一个趋势，就是校外人员以前去北京大学和中央美术学院听讲座、学知识都很容易，现在却变得有一点儿困难。所以，2019年泰康空间花了很大力气在讲座方面，比如借“中国风景：2019泰康收藏精品展”（CHINA LANDSCAPE: SELECTIONS FROM THE TAIKANG COLLECTION 2019）[3]之机，在两周时间内在“日光亭”项目空间和798艺术区A07大楼学术报告厅里，一口气做了十几个讲座、论坛和读书会。

---

1 “今天应该很高兴”，策展人：陈立，艺术总监：唐昕，艺术家：邝镇禧、劳丽丽、杨沛铿，2018年9月13日—2018年10月20日，泰康空间，北京

2 “登陆舒适区”，策展人：缪子矜，艺术总监：唐昕，艺术家：林奥劼、刘辛夷、蒲英玮，2018年12月13日—2019年1月19日，泰康空间，北京

3 “中国风景：2019泰康收藏精品展”，活动总策划：陈东升，活动总协调：应惟伟，策展人：唐昕，艺术家：艾轩、艾中信、蔡国强、陈仁、陈劭雄、陈逸飞、陈箴、丁方、丁乙、方力钧、高伟刚、胡向前、蒋兆和、蒋竹韵、靳尚谊、李尤松、刘窗、刘开渠、刘炜、刘韡、刘小东、刘辛夷、刘野、罗中立、马秋莎、毛旭辉、娜布其、仇晓飞、尚扬、沈尧伊、石冲、苏天赐、隋建国、王光乐、王广义、王思顺、王郁洋、吴大羽、吴冠中、吴作人、谢墨凛、徐冰、徐文恺、杨诘苍、姚清妹、袁庆一、余友涵、曾梵志、张培力、张文源、张晓刚、赵半狄、赵赵、政纯办、周春芽，2019年3月21日—2019年5月5日，798艺术区A07大楼，北京

“制性造别”

2018 年，李佳策划的展览“制性造别”有点儿与众不同。在她看来，国内把社会性别（gender）或者女性主义（feminism）作为一个问题提出来的展览其实很少。李佳觉得这事应该没那么简单，她想做一个展览提示大家，女性主义其实不是一件只对女性有意义的事。李佳相信，女性主义是可以帮助人类往前再走一步的推动力，它和后殖民主义一样，都是通过建立一种话语让我们发现我们过去认为对的结构其实是不对的，我们现在的舒适生活其实是建立在对一些人的压迫基础之上的。社会性别和女性主义问题、阶级问题、种族问题，包括农村和流动人口问题都是这样的切入点，通过展览可以把大家习以为常或者视而不见的东西变得可视化、感性化。泰康空间的艺术总监唐昕就是一位女性，而且早在 1999 年就做了国内第一个中德女性艺术家的国际交流展。李佳的想法得到唐昕的全力支持，于是就有了“制性造别”这样一个展览以及两次分别讨论性别与写作、性别与摄影的工作坊。

关于展览的名字，李佳告诉我，她想了很久，最后生造了“制性造别”这个词儿，英文是“GENDERS ENGENDER”（性别生产、性别制造），后来经常被人批判说现在展览的名字都好奇怪。但是李佳认为，对社会性别和女性主义来说，也许真的需要在语言层面上进行一个革新，因为语言其实是最古老的一种权力沉淀，所以必须把它打破。

李佳希望这个展览不是一次重复实践，也不是一次占领道德高地的举动。出于策略上的考虑，她没有找那些大家耳熟能详的女性艺术家，而是特意找了一些没有被贴过标签或者自己也不想给自己贴标签的艺术家。这些艺术家思考的主要是与权力深层话语相关的事情，他们不一定完全同意策展人的观点，但是可能会把策展人提出的问题再推得更远一些。作为策展人，李佳希望这个展览得到更多的关注：不仅仅是最先锋的人、知识分子、艺术家能接受，还要让普通人群也可以关注；不仅仅是中产阶级的精英女性能接受，还要让最底层的女性劳动者和在家务劳动中不知不觉消耗自己的女性也可以接受。

“制性造别”有一个线索是关于母亲的，比如写母亲工作组的“写母亲”，就是一个范围广、时间长，而且一直在变化的项目。“写母亲”开始是一个共同写作计划，后来发起人黄静远在每一次驻留时，都会把这个项目与各个地方的实际问题结合起来。这一次五位艺术家代表工作组参加了展览。李佳觉得其中万青的一件作品挺有意思，但是可能很多人没有注意。万青把自己和妈妈的对话记录下来，通过 CD 机播放的音频（方言）和小笔记本中记录的文字，我们可以看到一个四十多岁乡村母亲的缩影，她朴素、有力的性别意识与周围环境有点儿格格不入，但是依然慢慢生存、养育子女。工作组中其他三位艺术家冯俊华、余果、赵伊人也在持续推动这一项目。他们一刻不停的实践令李佳感动。

“漂流”

就在泰康空间的“制性造别”开幕的第二天，现代汽车文化中心的“漂流”也开幕了。草场地和 798 两个艺术区的展览同时布展，这样的工作强度让李佳有点儿怀疑人生，但是两个展览的话题都是她特别感兴趣的，因此投入了全部身心。与“制性造别”不太一样，“漂流”的起因有点儿出乎意料。2017 年，韩国的现代汽车要在北京开一个自己的文化中心，第一个项目就是鼓励年轻策展人、艺术家的“Hyundai Blue Prize”。那个时候北京几乎没有面向年轻策展人的竞赛，这个竞赛的获奖者能够获得六十万元人民币的策展经费，并在现代汽车文化中心策划一个展览。第一届竞赛的主题是“社会流动”（Social Mobility），李佳觉得可以和自己关心的问题联系起来，比如她长期关注的“六环比五环多一环”“居民”“新工人影像小组”这些项目、这些实践之前是一直没有机会进入美术馆的。李佳从一开始就认为提交方案本身就是有意义的，而变成现实只是它的延续，因为有很多国际策展人在看，像 OCAT（华侨城当代艺术中心）西安馆馆长凯伦 · 史密斯（Karen Smith）、UCCA 馆长田霏宇（Philip Tinari）、美国纽约新当代艺术博物馆执行总监扎卡里 · 卡普兰（Zachary Kaplan）、韩国首尔国立现代美术馆（MMCA）馆长巴托梅厄 · 马里（Bartomeu Mari），等等。经过初赛和决赛，11 月 1 日李佳最终获得了“Creativity”奖。之后她受邀前往泰特现代美术馆和威尼斯双年展访问，并在首尔市立美术馆的兰芝创作工作坊进行了为期一个月的驻留实践。

在 798 艺术区那样一个举世瞩目、游人如织的地方做“漂流”这样一个关于社会边缘话题的展览是需要一些勇气的，不仅仅对策展人如此，对现代汽车文化中心也是如此。比如韩馨逸、刘辛夷、杨紫联合策划的项目“密室”，两年前就在上海做过展览，这一次又在“漂流”中呈现。考虑到北京非常特殊的文化环境，这次展览的难度可能比李佳之前的策展项目更大一些，作为刚刚组建、人手有限的新机构，现代汽车文化中心为策展人提供了最大可能的支持。

新展：“替代空间的替代生命”

2019 年 6 月 27 日，我参加了泰康空间“替代空间的替代生命”展览的开幕。这次李佳没有作为策展人署名，但是她一直在为展览奔波忙碌并撰写了一篇详细的简介。简介中提到，这次展览是对 1969—1970 年之交美国纽约现代艺术博物馆的展览“空间”（SPACES），1981 年新当代艺术博物馆的展览“回顾替代性：1969—1975 历史综览”（ALTERNATIVES

IN RETROSPECT: AN HISTORICAL OVERVIEW 1969—1975），以及 2010 年至今中国大陆一系列相关展览、研讨会、论坛、研究和出版的回应。在这次展览中，泰康空间选择了十二个目前已经暂停、关闭或处于休止状态的替代空间个案在曾经的“51 平方”展厅展出。另一个展厅展出的是十位（组）艺术家与替代空间话题相关的作品和项目。李佳说：“与十二个个案命运类似的替代空间其实可以列出一个长长的名单，但是在与这些空间联系的过程中发现，有些空间的主创者已经离开国内联系不上，有些空间的资料没有保存下来，还有一些空间认为这事已经结束不想再谈。”李佳认为，非营利艺术机构也好、独立艺术空间也好、替代空间也好，名称都不重要，重要的是艺术家、策展人自我组织、自我策展这个行为，可以为因循守旧的艺术圈打开一扇门或者一扇窗。

近来空间问题已经被更多的人关注，如 2015 年、2016 年连续两届的“独立艺术空间艺术节”，2019 年初的 | 艺术中心与歌德学院合作的“我们在做什么：独立空间 2018 文献展”（WHAT ARE WE DOING NOW: INDEPENDENT ART SPACES 2018 DOCUMENTATION EXHIBITION）和讨论会[1]，那么泰康空间是不是可以找一个所谓的盲区做一个不太一样的展览和讨论呢？在李佳看来，很多替代空间比如 A307 和扬子江论坛当年都有很多好的艺术家在那里呈现他们最好的作品，经验特别宝贵，现在暂停、关闭或处于休止状态的原因可能都不是因为失败，而是因为替代空间本身就有一个正常的生命周期。像现代艺术博物馆和泰特现代美术馆这样的大型艺术机构背后有一大笔钱放在那里，是不可能说不办就不办了的。

---

1 “我们在做什么：独立空间2018文献展”，召集人：夏彦国，参展机构：的|艺术中心、顶上空间、缓存空间、黄边站、激发研究所、I: project space、你我空间、Salt Projects、器 · Haus空间、石米空间、上午艺术空间、剩余空间、泰康空间、腾挪空间，2019年3月20日—2019年5月25日，的|艺术中心，北京

但是替代空间就很不一样，大家的初衷是在一条路走不通的情况下去寻找另外一条路，因此当该走的路走完了，该做的事做完时，其实是可以休息一下或者开始新的探索的。这些空间的实体不存在了，或者没有继续活动，但曾经的探索是忘不掉的、抹不去的。在泰康空间这样一个从非营利艺术机构走向美术馆的空间语境中，并置替代空间的文献和艺术家的作品、项目，使之呈现一种互为脚注的关于替代性精神的对话是有价值和意义的。正如她在展览简介中所说：“替代性精神正在为这个世界继续供给着氧气。”

主要策展项目

2015

【群展】“白求恩：英雄与摄影的成长”，策展人：苏文祥、李佳，艺术总监：唐昕，艺术家：沙飞、吴印咸、罗光达，2015 年 9 月 24 日—2015 年 11 月 21 日，泰康空间，北京

【个展】“纯政会：纯政办十周年”，策展人：苏文祥、李佳，艺术总监：唐昕，艺术家：纯政办，2015 年 12 月 12 日—2016 年 1 月 23 日，泰康空间，北京

2016

日光亭项目

【个展】“郝敬班：过浪漫主义”，策展人：李佳，艺术总监：唐昕，艺术家：郝敬班，2016 年 3 月 17 日—2016 年 4 月 16 日，泰康空间，北京

【个展】“梁半：轻微脑震荡”，策展人：李佳，艺术总监：唐昕，艺术家：梁半，2016 年 5 月 5 日—2016 年 6 月 4 日，泰康空间，北京

【个展】“胡庆泰：两部分”，策展人：李佳，艺术总监：唐昕，艺术家：胡庆泰，2016 年 6 月 23 日—2016 年 7 月 23 日，泰康空间，北京

【个展】“杨光南：消化不良”，策展人：李佳，艺术总监：唐昕，艺术家：杨光南，2016 年 9 月 8 日—2016 年 10 月 8 日，泰康空间，北京

【个展】“王拓：失忆事典”，策展人：李佳，艺术总监：唐昕，艺术家：王拓，2016 年 10 月 27 日—2016 年 11 月 26 日，泰康空间，北京

【个展】“刘张铂泷：快乐的知识”，策展人：李佳，艺术总监：唐昕，艺术家：刘张铂泷，2016 年 12 月 30 日—2017 年 2 月 18 日，泰康空间，北京

2017

【群展】“肖像热：泰康摄影收藏”，策展人：唐昕、苏文祥、李佳，2017年3月16日—2017年5月13日，泰康空间，北京

日光亭项目

【群展】“好画”，策展人：李佳，艺术总监：唐昕，艺术家：韩青臻、李菁、潘琳、彭璐、谭坦、谭英杰、王梅一、耶苏，2017 年 3 月 16 日—2017 年 4 月 15 日，泰康空间，北京

【个展】“赳赳：人造场地－明日”，策展人：李佳，艺术总监：唐昕，艺术家：赳赳，2017 年 4 月 20 日—2017 年 5 月 20 日，泰康空间，北京

【个展】“史镇豪：冯火影视城”，策展人：李佳，艺术总监：唐昕，艺术家：史镇豪，2017 年 6 月 1 日—2017 年 7 月 1 日，泰康空间，北京

【个展】“杨健：建造废墟”，策展人：李佳，艺术总监：唐昕，艺术家：杨健，2017 年 8 月 10 日—2017 年 9 月 9 日，泰康空间，北京

【个展】“谭英杰：不可靠的叙述者”，策展人：李佳，艺术总监：唐昕，艺术家：谭英杰，2017 年 10 月 28 日—2017 年 11 月 25 日，泰康空间，北京

【个展】“郑源：悬而未决”，策展人：李佳，艺术总监：唐昕，艺术家：郑源，2017 年 12 月 30 日—2018 年 1 月 27 日，泰康空间，北京

2018

【群展】“制性造别”，空间策划：李巨川，阅读策划：折叠的房间，策展人：李佳，艺术总监：唐昕，艺术家：黄静远、李爽、联合公告、马秋莎、覃小诗、山河跳！、写母亲工作组、张然、张思锐，2018 年 3 月 22 日—2018 年 5 月 19 日，泰康空间，北京

【群展】“漂流”，策展人：李佳，艺术家：崔大察、方迪、韩馨逸、刘辛夷、王子耕、杨紫、余果、郑源，项目：六环比五环多一环（发起人：葛非、葛磊、满宇、李一凡）、居民（发起人：满宇、郑宏彬、刘伟伟）、新工人影像小组（发起人：宋轶、王德志、邵仁杰），2018 年 3 月 23 日—2018 年 5 月 20 日，现代汽车文化中心，北京

2019

【群展】“替代空间的替代生命”，艺术家：葛宇路、何迟、胡向前、李山 + 赵天汲（社会敏感性研发部）、李翔伟、刘演、欧飞鸿、石青、西三歌队（蔡所、刘浩）、郑国谷，替代空间档案：A307、Action Space（行动空间）、Arc Space（弧形空间）、回声书店 + 蛋生空间、ding-ding-fing! 合作社、分泌场、华茂一楼、灰空间、iGallery（i 画廊）、Park19（公园 19）、我们说要有空间于是就有了空间、扬子江论坛，2019 年 6 月 27 日—2019 年 8 月 24 日，泰康空间，北京

图版

“去碑营Ⅰ：北平之春”现场（图片由应空间提供）

“去碑营Ⅱ：自我作古”现场（图片由应空间提供）

“去碑营Ⅲ：地域画家”现场（图片由应空间提供）

“去碑营Ⅳ：密度符阵”现场（图片由应空间提供）

“去碑营Ⅴ：画的诞生”现场（图片由应空间提供）

“灼手的余温”现场（图片由户尔空间提供）

“承受屋”现场（图片由李泊岩提供）

“吻与电话”现场（图片由李泊岩提供）

观众通过猫眼观看“ISBN：9787214056061”
（图片由李泊岩提供）

李泊岩

“铁托的肖像”现场（图片由王将提供）

“三高”前言（图片由李泊岩提供）

“一场雪”现场（图片由李泊岩提供）

再生空间计划：高宇、董帅“打死一只喜鹊”（图片由李泊岩提供）

“准自然：生物艺术、边界与实验室”现场［图片由 JJYPHOTO（JJY 摄影）提供］

“抵抗的涌现：表象之眼”现场 1（图片由泰康空间提供）

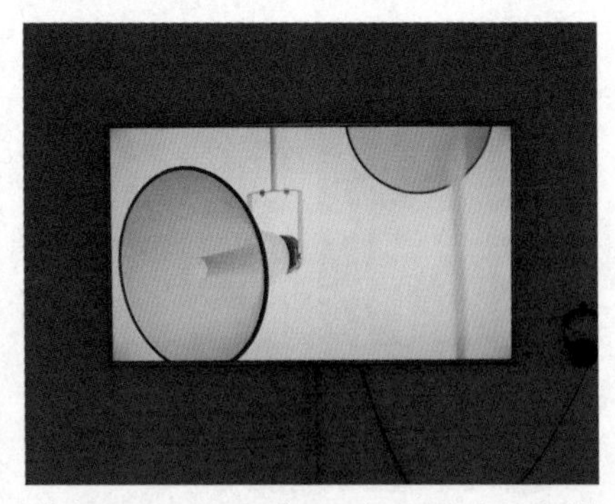

“抵抗的涌现：表象之眼”现场 2（图片由泰康空间提供）

魏颖

“当形式不成为态度：生物学和当代艺术的相遇”现场 1（图片由魏颖提供）

“当形式不成为态度：生物学和当代艺术的相遇”现场 2（图片由魏颖提供）

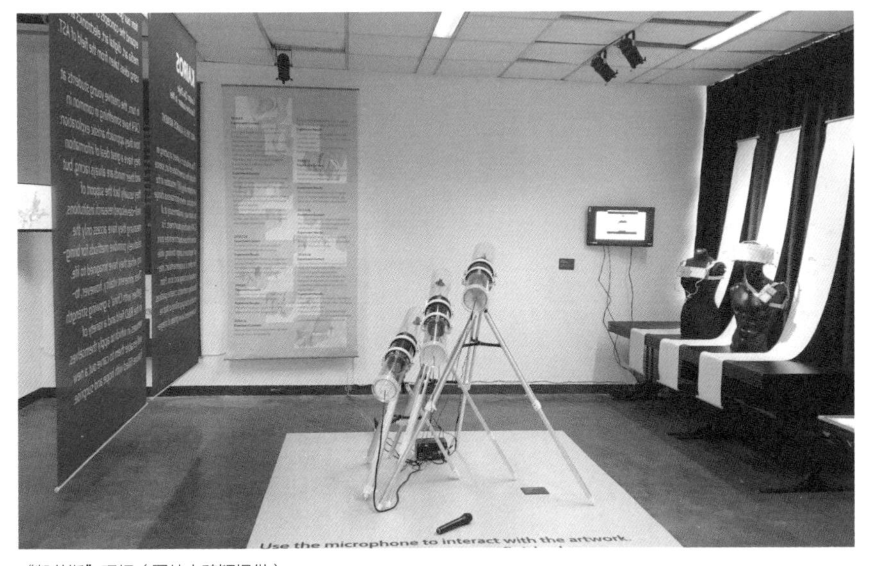

“凯若斯”现场（图片由魏颖提供）

“冥想电台”现场（图片由户尔空间提供）

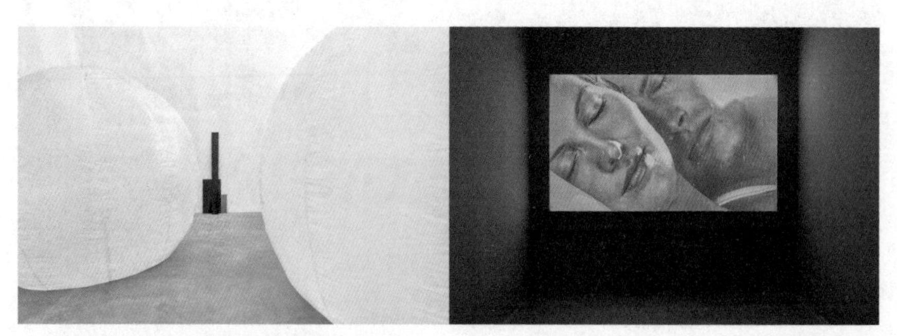

“日落将至”现场（图片由泰康空间提供）

李贝壳

“置景俱乐部”现场（图片由李贝壳提供）

“无法兑现”现场（图片由李贝壳提供）

“女性的力量”现场（图片由李贝壳提供）

“即逝存档”现场（图片由富源提供）

Salt Projects“王芮：你根本不能到达这里，你知道的”现场（图片由 Salt Projects 提供）

Salt Projects“彭可：亲密审讯”现场（图片由 Salt Projects 提供）

Salt Projects 暂时告别了郎家胡同 4 号的空间（图片由 Salt Projects 提供）

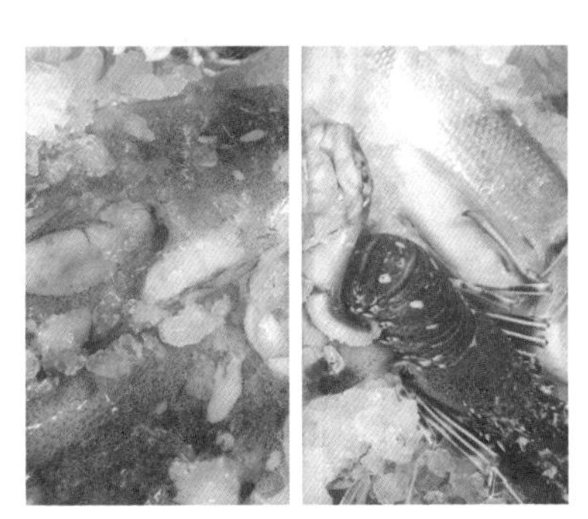

Salt Projects 自出版的艺术家写作杂志《COMMONPLACE》第一期（图片由 Salt Projects 提供）

Salt Projects 自出版的《危险、欲望与方言》系列（图片由 Salt Projects 提供）

“挽歌：有关怀旧的五种欲望机制”现场（图片由亚洲艺术中心提供）

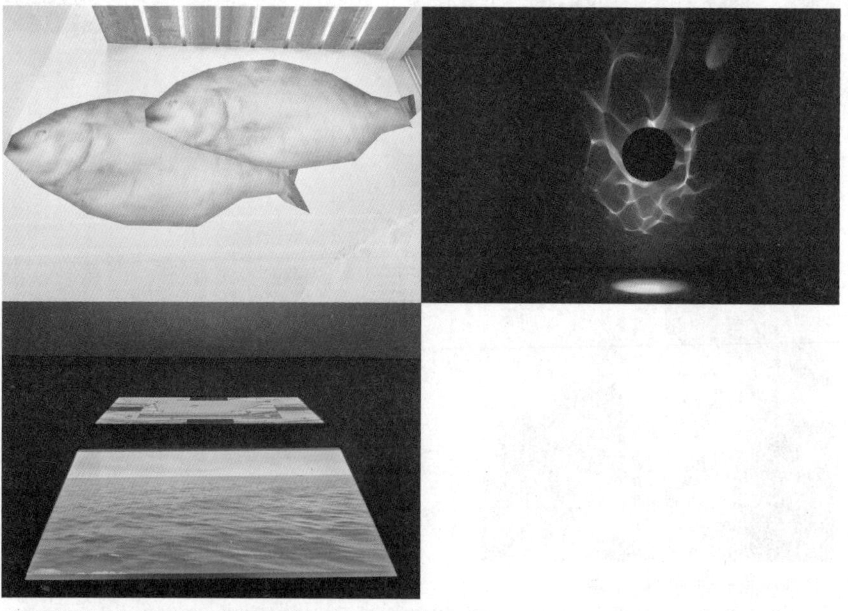

“日落将至”现场（图片由泰康空间提供）

“密室”现场 1（图片由上午艺术空间提供）

“密室”现场 2（图片由上午艺术空间提供）

“文芳”现场（图片由艺婷提供）

“事苗：苗文化的多维观想”现场（图片由艺婷提供）

“莫名 · 奇妙：刘索拉音乐变焦”现场（图片由艺婷提供）

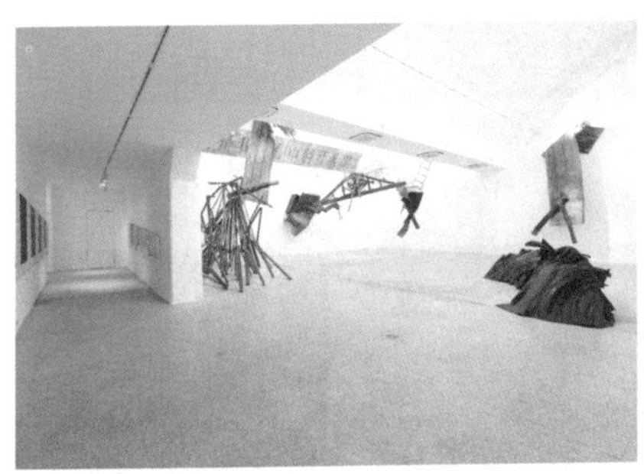

“必死无疑”现场（图片由艺婷提供）

“问”现场（图片由艺婷提供）

“范姜的花园”现场（图片由艺婷提供）

“隐蔽的幽灵：王将 × 乌合之众®”现场（图片由王将提供）

“THANKS/SORRY, EVERYONE！”现场（图片由王将提供）

“为什么要展览”现场（图片由王将提供）

王将

“夜长春梦多：天狗桑”现场（图片由王将提供）

“桃花弄：王珍风”现场（图片由王将提供）

“重庆森林：一个亚洲伦理城市样本”现场，董勋、鲍大宸、吴剑平作品《后方》（图片由姚梦溪提供）

“重庆森林：一个亚洲伦理城市样本”现场，左一：彭文彪作品《山城岁月》，右一：重庆工作研究所作品《重庆漂移》（图片由姚梦溪提供）

“东北巴洛克”现场（图片由姚梦溪提供）

“抵抗的涌现：紧急行动”现场（图片由姚梦溪提供）

姚梦溪

“展览的噩梦（下）：双向剧场”现场（图片由姚梦溪提供）

“一切新形成的关系等不到固定下来就陈旧了”现场（图片由姚梦溪提供）

“龙伯：伍伟”现场（图片由户尔空间提供）

“敢当：当代神石注疏”现场（图片由 UCCA 提供）

“PITY PARTY”现场（图片由 SLEEPCENTER 提供）

“伏尔加河上的纤夫：谢燚”现场（图片由 J：GALLERY 提供）

“肉身：恐怖谷”现场（图片由亚洲艺术中心提供）

“肉身：恐怖谷”现场，李琦作品《经验之谈》（图片由亚洲艺术中心提供）

“肉身：恐怖谷”现场，谢燚作品《裸女与蛇》（图片由亚洲艺术中心提供）

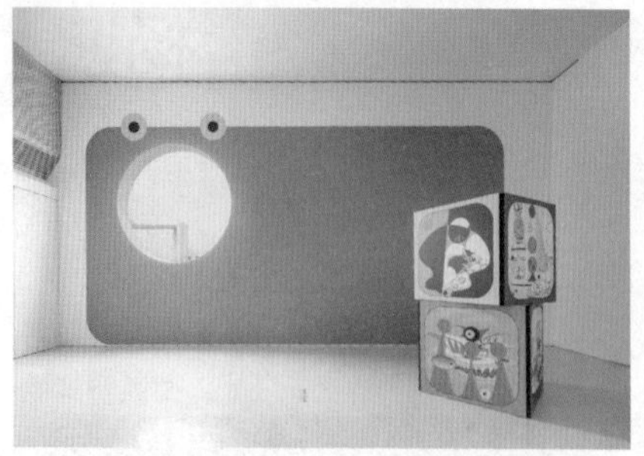

“忘忧草：考古女性时间”现场，Ad Minoliti 作品
（图片由张思锐提供）

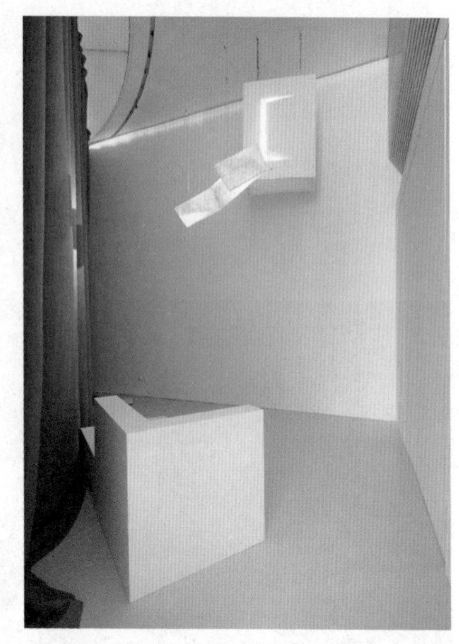

“忘忧草：考古女性时间”现场，陈泳因作品
（图片由张思锐提供）

“忘忧草：考古女性时间”现场，马秋莎作品
（图片由张思锐提供）

“忘忧草：考古女性时间”现场，施昀佑 + 子杰作品
（图片由张思锐提供）

“忘忧草：考古女性时间”现场，张怡作品
（图片由张思锐提供）

张思锐

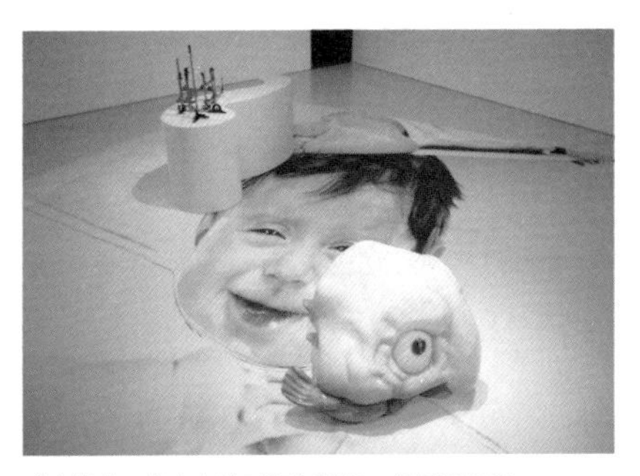

“忘忧草：考古女性时间”现场，何恩怀作品
（图片由张思锐提供）

《再生空间计划 2012—？》封面（图片由张思锐提供）

《再生空间计划 2012—？》在纽约 Printed Matter 书店
（图片由张思锐提供）

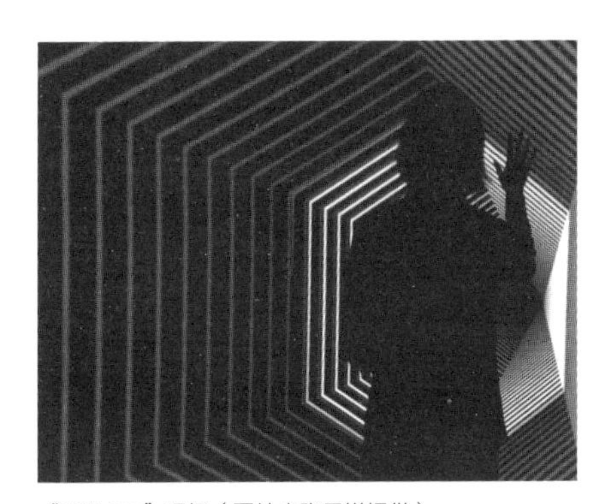

“无限 115”现场（图片由张思锐提供）

“替代空间的替代生命”现场（图片由泰康空间提供）

日光亭项目“杨光南：消化不良”现场
（图片由泰康空间提供）

日光亭项目“王拓：失忆事典”现场
（图片由泰康空间提供）

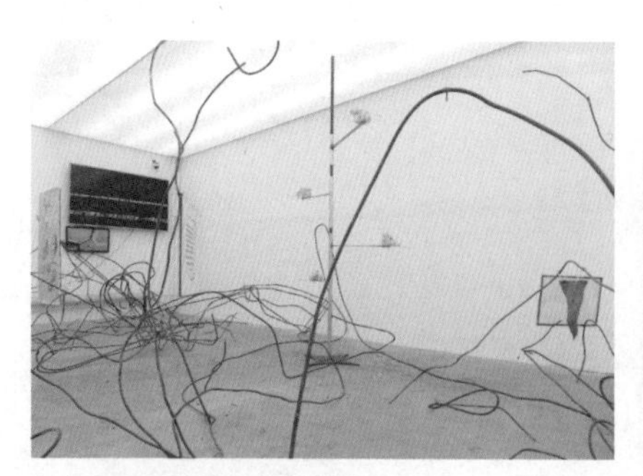

日光亭项目“杨健：建造废墟”现场
（图片由泰康空间提供）

日光亭项目“郑源：悬而未决”现场
（图片由泰康空间提供）

李佳

“制性造别”现场（图片由泰康空间提供）

“漂流”现场（图片由李佳提供）

于瀛（b.1987）

艺术家、策展人，2009年毕业于清华大学，获学士学位，2012年毕业于中央美术学院，获硕士学位，现为应空间艺术总监。于瀛在应空间主持策划了“佛跳墙”和“去碑营”两个系列的长期常设展览项目。2018年，他在展览策划方面的主要工作是“去碑营”项目，共进行了“北平之春”“自我作古”“地域画家”“密度符阵”“画的诞生”五期。2019年，他作为特别支持参与策划了孙策的个展“早春图”。

李泊岩（b.1984）

独立策展人，2006年毕业于天津美术学院中国画系，2012年在天津创办非营利艺术机构再生空间计划，曾担任2017年“三星堆戏剧节”公共展演单元策展人，2018年“第二届深圳当代戏剧双年展”公共空间表演单元策展人，2018年“第七届济南国际摄影双年展”实验展单元策展人。李泊岩近期策划的主要展览包括“灼手的余温”（户尔空间，北京，2019），“承受屋”（501序空间，重庆，2018），“蛇形手臂”（希帕画廊，北京，2018），“日落将至”（泰康空间，北京，2017），“贫穷剧场：抗拒消费时代的重造”（白塔寺胡同美术馆，北京，2017），“铁托的肖像”（陌上实验，北京，2017），“ISBN: 9787214056061”（吸尘器空间，北京，2016），“三高”（南京艺术学院美术馆，南京，2015）。

魏颖（b.1985）

研究者、策展人，泛生物艺术工作室（PBS）创始人，现为中央美术学院科技艺术研究员。魏颖毕业于复旦大学，获生物学硕士学位。她是上海余德耀美术馆筹备工作的核心成员并协助策划开馆展“天人之际”（2014），也是纽约古根海姆美术馆“1989后的艺术与中国：世界剧场”（2017）的调研团队成员之一。她策划的主要展览包括“准自然：生物艺术、边界与实验室”（现代汽车文化中心，北京，2019），“凯若斯”（林茨电子艺术节，林茨，2018），“抵抗的涌现：表象之眼”（泰康空间，北京，2016），“当形式不成为态度：生物学和当代艺术的相遇”（中央美术学院美术馆，北京，2016）。她曾连续担任第一、二届北京媒体艺术双年展“技术伦理”（2016）“后生命”（2018）的单元策展人。她是欧盟科技艺术奖STARTS的国际顾问（2019），“意识重塑”国际会议的科学委员会成员（2019），以及中央美术学院第一、二届EAST科技艺术教育国际大会的会议召集人（2017、2018）。

李贝壳（b.1990）

艺术写作者、策展人，2013年毕业于中央美术学院，获动画专业学士学位，2014年、2015年先后获伦敦金斯顿大学设计策展硕士学位及伦敦艺术大学中央圣马丁艺术与设计学院文化批评与策展硕士学位，曾在长征空间工作，现为中央美术学院博士研究生。李贝壳的独立策展项目包括“冥想电台”（户尔空间，北京，2019），“置景俱乐部”（鸿坤美术馆，北京，2017），“无法兑现”（I: Project Space，北京，2017），“运动场”（皇家阿尔伯特码头，伦敦，2015）；联合策展项目包括“日落将至”（泰康空间，北京，2017），“声音－浸入－环境”（David Roberts, Arts Foundation，伦敦，2015），“复兴的文化”（The Well Gallery，伦敦，2015），“2014大声展”（三里屯橙色大厅，北京，2014）。

富源（b.1988）

艺术写作者、策展人，2010 年毕业于中国人民大学，获文学学士学位，2013 年毕业于纽约视觉艺术学院，获艺术硕士学位。富源是群展“SOFT HAZE”（软霾）[Thomas Erben Gallery（托马斯·厄尔本画廊），纽约，2016] 、“即逝存档”（墨方空间，北京，2019）的策展人，群展“气旋栖息者”（应空间，北京，2015）、“抵抗的涌现：化敌为友”（泰康空间，北京，2016）、“风景”（拾萬空间，北京，2017）、“时间的狂喜：重塑认知的媒介”（何香凝美术馆，深圳，2017）的联合策展人，群展“自我批评：适当的教导”（中间美术馆，北京，2017）的联合策展回应人，蒋志个展“范沧桑”（HDM 画廊，北京，2017）、刘野夫个展“没有简单的象征”（魔金石空间，北京，2018）、铁木尔·斯琴个展“东，南，西，北”（魔金石空间，北京，2018）的策展人。她于 2016 年在北京联合创立了研究性策展工作室 Salt Projects，定期举办现场表演、展览和出版活动。

韩馨逸（b.1988）

艺术写作者、策展人，2011 年毕业于同济大学文化产业管理系，获学士学位，2015 年毕业于中国美术学院当代艺术与社会思想研究所，获硕士学位，现生活工作在北京，于 2016 年在北京联合创立了研究性策展工作室 Salt Projects，定期举办现场表演、展览和出版活动。韩馨逸的策展及写作实践专注于回应及刺穿现实生活中的虚伪共识或流行观念。她的主要策展项目包括“挽歌：有关怀旧的五种欲望机制”（亚洲艺术中心，上海，2019），“游戏的终结”（鸿坤美术馆，北京，2018），“日落将至”（泰康空间，北京，2017），“风景”（拾萬空间，北京，2017），“入位群岛：宋佳茵”（拾萬空间，北京，2017），“自我批评：适当的教导”（中间美术馆，北京，2017），“密室”（上午艺术空间，上海，2016），“气旋栖息者”（应空间，北京，2015）。

艺婷

策展人、研究者，2006 年毕业于清华大学新闻与传播学院，获传播学硕士学位，之后在主流媒体从事营销工作多年，2010 年开始转向当代艺术的观察与研究，2018 年毕业于中央美术学院，获艺术学理论博士学位。艺婷目前在清华大学艺术博物馆从事博士后研究工作，研究国际现当代艺术博物馆的策展策略并协助策展。她的研究与策展专注艺术与社会的连接，推动美术、声音、舞蹈、心理、戏剧等多维专业人士联动的创造力实践。她的独立策展项目包括“范姜的花园”（东京画廊 +BTAP，北京，2013），“问”（炎黄艺术馆，北京，2016），“必死无疑”（东京画廊 +BTAP，北京，2016），“莫名 · 奇妙：刘索拉音乐变焦”（东京画廊 +BTAP，北京，2017），“事苗：苗文化的多维观想”（今日美术馆，北京，2018），“文芳”（芝加哥大学北京中心，北京，2019），等等。

王将（b.1990）

策展人、艺术家，毕业于中央美术学院版画系。他是一位活跃而极端的艺术家型策划人，在普遍性的策展实践中寻找创造性的机遇。王将在观念艺术的路径中，通过对策展人理念的物质化策略来实现个人作品的确立、保存与流通，并试图以长期的实践案例来构建一个迥异的创作体系，这已成了对策展人刻板印象的挑战。对艺术社会学和关系美学的运用是他现阶段创作的重要语法，在致力于艺术系统研究和文化区隔批判的同时，成为一位强调主体性与自传性的自我书写者。

姚梦溪（b.1985）

策展人、艺术写作者，2009 年毕业于上海师范大学美术学院新媒体系，2014 年在上海联合创办了激烈空间。姚梦溪的近期工作基于空间研究结合历史语境，探讨艺术生产与早期工业生产间的关联，试图捕捉现代工业技术与社会生产的关系，以此想象未来的空间生产。她于 2016 年获第三届 IAAC 国际艺术评论奖，并作为场景建构者参与贯穿第十一届上海双年展的“理论剧院”项目。她策划的主要展览包括“展览的噩梦（下）：双向剧场”（上海当代艺术博物馆，上海，2015），“抵抗的涌现：紧急行动”（泰康空间，北京，2016），“一幅不包含乌托邦的世界地图甚至都不值得一瞥”（北京公社，北京 2017），“东北巴洛克”（三远当代艺术中心，北京，2017），“重庆森林：一个亚洲伦理城市样本”（星汇当代美术馆，重庆，2018）。

杨紫（b.1986）

艺术写作者、策展人，2008年毕业于南京大学哲学系（宗教学系），曾任《艺术界LEAP》编辑，现任UCCA公共项目部艺术总监。杨紫近期策划的主要个展包括“龙伯：伍伟”（户尔空间，柏林，2019），“一个动作的历史，2019：朱昶全”（美狮美高梅视博广场，澳门，2019），“防守：蔡泽滨”（胶囊上海，上海，2018），“伏尔加河上的纤夫：谢燚”（J: GALLERY，上海，2017），“过午：姜琤”（亚洲艺术中心，上海，2017）。他近期策划的主要群展包括“敢当：当代神石注疏”（UCCA沙丘美术馆，秦皇岛，2019），“PITY PARTY”（SLEEPCENTER，纽约，2018），“例外状态：中国境况与艺术考察2017”（UCCA，北京，2017），“密室”（上午艺术空间，上海，2016），“肉身：恐怖谷”（亚洲艺术中心，上海，2016），“出了广东的鸡不是鸡”（REFORMERart，上海，2016）。

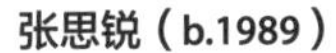

张思锐（b.1989）

作者、建筑师，自纽约哥伦比亚大学建筑批评、策展和概念实践专业毕业后，一直在艺术和建筑领域进行关于城市日常生活的创作和实践。张思锐的文章曾刊载于《时代建筑》《艺术界 LEAP》《艺术论坛》中文网等，同时在《艺术论坛》中文网担任副出版人。她曾联合策划“忘忧草：考古女性时间”（广东时代美术馆，广州，2019）等展览。

李佳（b.1983）

艺术写作者、策展人，2005 年毕业于北京大学法学院，获法学和经济学双学士，2008 年毕业于北京大学艺术学院，获美术学硕士，曾任佩斯画廊（北京）副总监，现任泰康空间高级策展人。李佳的写作与策展关注中国当代艺术社会性与实验性的艺术实践以及中国年轻艺术家的实践群体，主要策展项目包括“日光亭”（泰康空间，北京，2016—2017），“制性造别”（泰康空间，北京，2018），“漂流”（现代汽车文化中心，北京，2018），“替代空间的替代生命”（泰康空间，北京，2019）。她参与策展的项目包括“白求恩：英雄与摄影的成长”（泰康空间，北京，2015），“纯政会：纯政办十周年”（泰康空间，北京，2015），“肖像热：泰康摄影收藏”（泰康空间，北京，2017）。

附录

再生空间计划：李泊岩、任瀚、付帅、卢正昕、张思锐

- “我和你 × × 很像”，2012 年 11 月 29 日—？，天津市北辰区孟春里 9 号院
- “请进”，2012 年 12 月 8 日—？，天津市和平区湖南路 15 号
- “你们都好吗”，2013 年 1 月 2 日—？，天津市红桥区丁字沽三号路与辰昌路交叉口江山医药厂内白色废弃厂房
- “你看！你看！你看！”，2013 年 2 月 9 日—？，天津市北辰区光荣道延长线与青云桥交叉口废弃变电站，河南省郑州市金水区经七路与纬一路交叉口西北角（原省军区水塔院），山西省太原市杏花岭区北河湾铁路小区拆迁房
- “从这边走”，2013 年 3 月 31 日—？，天津市河北区金钟河大街民权装饰城旁
- “不在”，2013 年 12 月 1 日—？，北京市朝阳区南皋路 PAE 公司旧址
- “飞地”，2014 年 8 月 30 日—？，北京市东城区东四北大街科林大厦旁（原消防队所在地）

—

再生空间计划子项目：尖山计划

- “李泊岩：一点一点”，2013 年 7 月 6 日—？，天津市河西区黄山路红星里 8 号楼 2 层
- “劳伦 · 麦卡蒂：红星里的变调”，2013 年 7 月 20 日—？，天津市河西区黄山路红星里 8 号楼 2 层
- “潘丽、高源：未就章”，2013 年 8 月 24 日—？，天津市河西区大沽南路与尖山路交叉口胜利楼 5 号楼 2~3 层
- “王鲁：GARDEN”，2014 年 1 月 19 日—？，天津市河西区黄山路红星里 8 号楼
- “何情：‘青录’（líng）in 尖山”，2015 年 6 月 7 日 16:00，天津市河西区黄山路红星里空地
- “耶苏：刺菱”，2016 年 4 月 2 日—？，天津市河西区黄山路红星里 8 号楼
- “高宇、董帅：打死一只喜鹊”，2016 年 4 月 16 日 14:00，天津市河西区黄山路红星里空地
- “袁越：落枕”，2016 年 7 月 17 日—？，天津市河西区黄山路红星里 47 号楼
- “李海光、张云峰：尖山八景”，2017 年 5 月 1 日，尖山旅行社开业揭牌仪式和首批游客接待

—

再生空间计划子项目：三口艺术

- “[1-3-301]”，艺术家：蔡东东、付帅、萨布丽娜·弗朗兹（Sabrina Franz）、安娜·舒腾（Anna Schütten）、孙晓星、尼尔斯·韦利格曼（Nils Weiligmann）、张雨芃，2014年6月1日—2014年6月7日，天津市北辰区宝翠花都焕景园1-3-301
- “[34-2-1101]”，艺术家：高岩、郝一衡、岳明慧、郝锐、张婷、张梦、朱文琪，2015年4月25日—2015年5月1日，天津市北辰区宝翠花都焕景园34-2-1101

—

Salt Projects（盐）：富源、韩馨逸

2016

- 书架项目：Practice（实践），NYC（纽约），3月28日18:00
- 艺术写作工作坊
- 表演“温伟廉：高度”，5月21日
- 表演“李海光、张云峰：运动场”，5月22日15:00
- 展览“雷鸣：三联”，6月5日—6月26日15:00
- 放映“仲夏夜放映活动：王博”，7月24日19:00
- 表演“喂鸡：欢迎”，7月30日—8月6日
- 表演“Salt表演周：你好吗？”
- “刘野夫、张宇飞：守株待兔”，8月21日—8月23日14:00
  实验讲座“演与讲”，8月24日—8月25日16:00
- “李亭葳：聊天室”，8月26日—8月28日14:00—18:00
- 展览“咸湿的梦”，艺术家：北鸥、蔡文靖、加西亚·弗兰科夫斯基（Garcia Frankowski）、方迪、方璐、顾颖、李佳聪、李明、能尖日、聂世伟、尼尔斯·贝托里·迪尔（Niels Betori Diehl）、谢南星、谢燚、苗颖、杨牧石、杨振中，9月24日—10月29日
- 表演讲座“一封陌生听众的来信：一次关于爱的严肃推论（虚构）”，演讲者：YBC，10月12日19:00

2017

- Salt×激发研究所（IFP）“艺术家讲座：叶慧”，2月24日18:00
- 表演讲座“沈莘：非封闭的”，3月18日21:00
- 表演“侯赛因·格埃梅：中场加入”，4月29日18:00—20:00

- UCCA × 野蘑盐溶液“放映系列”，5 月 29 日 14:00—16:00
- 表演讲座“王拓：语法灵猿”，5 月 20 日 19:00
- 表演讲座“马海蛟：七又二分之一页家书”，6 月 24 日 20:00
- 装置“适当的教导”，中间美术馆“自我批评”，5 月 27 日—9 月 27 日
- 实验讲座“何恩怀：流散自传”，7 月 8 日 14:00
- 表演讲座“郭娟、李然、郝敬班：不速之客”，7 月 29 日 19:00
- 表演讲座“陈玺安：一篇关于雷 · 布雷西尔（Ray Brassier）技术论的同人论文”，8 月 27 日 19:00
- 展览“常羽辰：美丽的画展”，9 月 10 日—10 月 8 日
- 论坛“无产朋克”
- 展览“黄彦彦：化烟云”，11 月 4 日—12 月 10 日

2018

- “三幕演讲：张涵露”，1 月 14 日 14:00
- 展览“李姝睿：光的萃取”，2 月 4 日—3 月 31 日
- 展览“覃小诗：绿化带”，4 月 15 日
- 展览“王芮：你根本不能到达这里，你知道的”，6 月 20 日—7 月 20 日
- 展览“彭可：亲密审讯”，7 月 27 日—8 月 30 日
- 展览“龚柯维：樱桃”，9 月 7 日—10 月 21 日
- 展览“BHKM（雨田事务所）黑白刹红 NAZOLAZ”，10 月 26 日 18:00—21:00

—

激烈空间：石青、黄淞浩、姚梦溪

- 展览“紧张的经验”，艺术家：黄淞浩、林奥劼、刘伟伟、石青、唐潮、王卫，2014 年 5 月 10 日—2014 年 6 月 9 日
- 展览和研讨“集体主义建筑 I”，艺术家：丘兆达、石青、王海川，研讨者：罗岗、汤维杰、金锋、宋轶、丘兆达、王海川、殷漪、石青，2014 年 7 月 13 日—2014 年 8 月 10 日
- 展览“展览的噩梦（上）”，艺术家：贺冰、黄淞浩、李论、刘伟伟、刘亚、佩恩恩、唐潮、王芳艺，2014 年 8 月 17 日—2014 年 9 月 7 日
- 艺术家博览会“上交会”，艺术家：鲍栋、陈侗、陈文波、陈晓云、仇晓飞、段建宇、何岸、何颖宜、侯勇、胡晓媛、蒋志、金锋、孔令楠、梁硕、梁伟、李景湖、李明、李姝睿、刘建华、刘伟伟、李勇、马秋莎、秦思源、施勇、石至莹、宋拓、苏文祥、汤大尧、王海川、王思顺、王卫、王音、辛云鹏、徐渠、杨振中、余果、张鼎、张慧、张嘉平、赵要、周思维、周铁海、周子曦、庄辉 & 旦儿、朱昱，2014 年 9 月 24 日—2014 年 10 月 26 日

- 网络电台“截获电台”，艺术家：李论、黄淞浩，2014年11月—2015年3月8日
- 表演讲座“坏人瓜塔里”，艺术家：石青，2015年1月26日
- 项目“地方工作”，艺术家：李论＋刘亚、子杰、佩恩恩、唐潮、刘伟伟、姚梦溪、鲍大宸、张小船、范石三、张涵露、黄沭淦、徐杰、窦玉龙、潘赫、邵泽、李泊岩、任苗青、林俊杰、王尘尘、邵捷、毛小云、吴梦、黄淞浩、庾凯、张莉，2015年2月至今（第一阶段由激烈空间发起，艺术家响应并独自创作）
- 研讨“地方工作：人类学田野调查与艺术的观察”，主讲人：王婧，2015年4月15日
- 展览“工伤计划”，艺术家：刘伟伟、李景湖，2015年4月—2015年6月
- 项目“成就”，艺术家：朱建林，2015年6月—2015年7月
- 项目“地铁剧场”，艺术家：付了了、黄淞浩、李论、刘亚、佩恩恩、钱倩、唐潮、王芳艺、姚梦溪、张莉、子杰，2015年6月—2015年9月
- 读书会Ⅱ“空间生产”，2015年6月—2016年3月（黄淞浩、姚梦溪于2013年发起读书会，2013年10月到2014年6月）
- 放映会“空动映习会”，艺术家：李珞、黄荻Tiv、松本哉、何颖雅，2015年6月—2015年9月（子杰、何颖雅策划的系列放映会）
- 艺术家博览会“上交会：未完成”，艺术家：蔡泽斌、耿旖旎、龚剑、贺勋、宋元元、陶辉、王海川、余果、曾宏、郑焕，2015年9月—2015年11月
- 读书会和项目“甜与权利”，艺术家：毛晨雨、石青，2016年3月—2016年4月
- 项目“地方工作Ⅱ”，艺术家：戴陈连、张小船、李论、刘亚、黄淞浩、石青，2016年5月—2016年7月（随艺术家走访了商丘、郑州、余姚、绍兴等地）
- 剧场“还是做一个浪子吧”，艺术家：戴陈连，2016年5月29日
- 西岸艺术与设计博览会“上交会：激烈食堂”，艺术家：卜冰、朴素茶室（鲍栋、陈晓云、蔡磊、金石、杨心广）、何颖宜、卖力工坊、石青、仇晓飞、王卫、周轶伦，2016年11月
- 021艺术博览会“劳动绘画”，2016年11月
- 2016上海双年展“上海电影地理”，2016年11月—2017年3月
- 熊本市现代美术馆展览“魔都之脉动：上海当代艺术的腾飞”，2018年9月—2018年11月

后记：一位不速之客的十二次访问

2019 年上半年（从 1 月 4 日到 6 月 29 日）我采访了十二位活跃的年轻策展人，经过之后三个月的整理和编辑，她/他们的谈话组成了本书的主要内容。做这个采访项目的缘起是一次与泰康空间策展人李佳的闲聊。李佳行侠仗义，长期关注年轻艺术家和策展人以及性别等话题，她策划的“日光亭”项目、“泰康新生代策展人”项目和“制性造别”展览令人耳目一新、记忆深刻。2018 年底，我去泰康空间看展，聊起以她编辑的小书《策展人》为基础，采访一批年轻策展人，然后编辑出版的事。她说：“你来编，我帮你。”这份信任鼓励我发愿做成此事。没过几天，她陆续发来十位策展人的联系方式，她/他们和李佳是我最初决定采访的十一个人。这十一位策展人加上我新认识的一位策展人成为这一项目的十二位采访对象。她/他们的出生年份在 1980 年到 1990 年之间，2014 年前后开始策展实践，进而成长为李佳所说的“中国当代艺术图景中一股健康的力量”。

曾写下“年代四部曲”（《革命的年代》《资本的年代》《帝国的年代》《极端的年代》）的左翼近代历史学家艾瑞克 · 霍布斯鲍姆（Eric Hobsbawm）认为，他全部工作的目的简而言之就是“抵抗遗忘”。汉斯 · 乌尔里希 · 奥布里斯特（Hans Ulrich Obrist）借用这一概念解释他所做的关于策展的全部工作。在数字媒体技术加速更新、迭代的今天，即使是最近五年、十年发生的策展实践，如果没有纸媒出版物的记录，同样可能很快就会被人遗忘。在我看来，2019 年有些意味深长，如果以这一年为一个时间切片，与十二位年轻策展人一起回忆近五年来她 / 他们的策展实践和所思所想，为这个时代留下一份关于中国当代艺术新生代策展人的“人类学”样本，应该是一件有意义、有价值的事。另外我还有点儿私心，就是这本书中的十二个案例其实可以作为教学资料，在中国艺术研究院我开设的一门策展课中被我和年轻的研究生朋友一起讨论。

最近几年，策展的话题反复被艺术圈提及，一热再热。比如 2012 年开始的广东时代美术馆的“泛策展”系列项目；2014 年开始的上海当代艺术博物馆的“青年策展人计划”；2016 年开始的中央美术学院美术馆的“项目空间·青年策展实验室”和泰康空间的“泰康新生代策展人”项目；2017 年开始的现代汽车文化中心的“Hyundai Blue Prize”青年策展人大奖；2018 年开始的中间美术馆的“展览作为展览”策展工作坊；2019 年广州美术学院美术馆的青年学术论坛“回视媒介：媒体艺术与策展”和华 · 美术馆的展览“策展课：策展与设计”，等等。书中涉及的十二位策展人中大多数都与这些项目有关并活跃在这些项目中。尽管她 / 他们的身份认同有研究者、写作者、艺术家、策展人种种不同；学科背景有绘画、动画、新媒体、艺术史、策展、生物、新闻、传播、哲学、法律、经济、建筑种种不同，工作领域有博物馆、美术馆、画廊、非营利机构、独立艺术空间、替代空间种种不同；讨论话题有绘画社群与空间设计，白盒子内外，艺术与科技，记忆与声音，危险、欲望与方言，艺术与社会，策展人的著作权，集体与地方，图像、民俗与神话，建筑与策展，年轻艺术家与策展人，女性主义与社会性别种种不同，但是她 / 他们同样具备一种“全球在地”（glocal）的主体意识和自我组织的独立精神，这种主体意识和独立精神可以追溯至整整半个世纪前哈罗德 · 塞曼辞去瑞士伯尔尼美术馆馆长，宣告“独立”的那一刻并映射出我们今天遭遇的现实。

在此之前，十二位策展人中我只认识于瀛和李佳（于瀛是我在倪军老师组织的一次讨论会上认识的，李佳是我去看“制性造别”之前，好友罗晓冬介绍我认识的，她 / 他俩成为这一项目的第一位和第十二位受访人），因此对她 / 他们中的大多数而言，我几乎是一位突然造访的不速之客（尽管在此之后我就自认为是她 / 他们的朋友了）。不过，这样的立场也许往往更加中立，并与读者保持了同样的好奇心。我以每月采访两位策展人的速度顺利完成了采访，然后把她 / 他们每个人的谈话内容整理、编辑成五六个部分，隐去问题、加上标题，并以第一人称进行叙述。这样做的目的只有一个，就是保证叙述的清晰和流畅。当然，每位策展人都修改和审定了与各自有关的文稿，并提供了大量相关图片。

因此，本书首先需要感谢十二位策展人的慷慨分享。其次应该感谢倪军老师，他愉快地同意为本书作序，并告诉我这一工作意义很大。他是我心目中文画双绝、爱护青年的好艺术家、好写作者。以往的惯例都是策展人为艺术家撰写展览前言，但是这一次是后者为一本关于前者的书作序，请倪军老师作序其实是有一点儿策划的意思的。再次应该感谢和我一起工作的团队：我的同事李新铎帮助我录制了十二次采访的音频和视频；王菁、杨寒冰、赵奕宁三位年轻的朋友参与了大部分采访工作。最后应该感谢我的妻子张欣，如果把本书比喻为一个纸上展览，那么她就是这个纸上展览的空间视觉设计师。

李　镇

2019 年 10 月 1 日

本书由十二篇访谈组成，受访者是十二位活跃的年轻策展人。她/他们以80后为主体，自2014年前后开始进行策展实践，进而成长为中国当代艺术图景中一股健康的力量。本书以2019年为一个时间切片，记录、整理了她/他们近五年极具创造力和多样性的案例，试图呈现一份关于中国年轻策展人的“人类学”样本，唤起读者对她/他们的好奇心。同时本书涉及的大量案例和工作方法也可以作为资料供更年轻一代的艺术从业者参考和借鉴。

图书在版编目（CIP）数据

十二次访问：策展人/李镇编著. —北京：机械工业出版社，2020.12（2023.6重印）

ISBN 978-7-111-66616-5

Ⅰ.①十… Ⅱ.①李… Ⅲ.①艺术—展览会—设计师—访问记—中国—现代 Ⅳ.①K825.72

中国版本图书馆CIP数据核字（2020）第183613号

机械工业出版社（北京市百万庄大街22号 邮政编码100037）
策划编辑：马 晋 责任编辑：马 晋
责任校对：李亚娟 责任印制：孙 炜
版式设计：张 欣
北京联兴盛业印刷股份有限公司印刷

2023年6月第1版第3次印刷
140mm×210mm · 7.375印张 · 2插页 · 170千字
标准书号：ISBN 978-7-111-66616-5
定价：58.00元

电话服务
客服电话：010-88361066
010-88379833
010-68326294

网络服务
机 工 官 网：www.cmpbook.com
机 工 官 博：weibo.com/cmp1952
金 书 网：www.golden-book.com
机工教育服务网：www.cmpedu.com